RÉSISTER EN CORSE

Sous la direction
de Jean-Michel Verne

RÉSISTER EN CORSE

Robert
Laffont

ISBN 978-2-221-24813-3
Dépôt légal : février 2021
Éditions Robert Laffont – 92, avenue de France 75013 Paris

À Dominique Yvon pour ses précieux conseils et son investissement dans cet ouvrage.

À toutes celles et ceux qui ont accepté de témoigner avec courage dans ce livre.

À la liberté d'expression et à la liberté tout court.

Si nous voulons la vérité, commençons par vouloir la justice,
l'une ne marche pas sans l'autre.

Pasquale Paoli

Ce qui guette la Corse, c'est qu'en dix, quinze, vingt ans,
elle ne devienne un pays comme la Sicile.

Edmond Simeoni
(Discours devant l'assemblée de Corse
du 1er avril 2004)

Omerta

C'est une belle journée d'été dans l'extrême Sud. Au bout du fil, la voix devient brusquement glacée, distante, alors que quelques jours plus tôt le ton était presque chaleureux. Cette voix froide est celle d'une femme qui avait désiré me rencontrer à la suite de la parution, en janvier 2019, de *Juges en Corse*, recueil de témoignages de neuf magistrats parlant à livre ouvert de leur expérience insulaire, des réseaux, de la mafia, des nationalistes et de l'attitude plus qu'ambiguë de l'État… bref, de tout ce qui se tait en Corse. Elle souhaitait alors me parler de son fils assassiné voilà quelques années, crime évidemment non résolu. La victime était proche d'un membre du consortium CM Holding, une société financière d'entrepreneurs dont on parle beaucoup ces derniers temps sur l'île de Beauté et pas toujours en bien. J'y reviendrai plus loin, plus en détail.

Que s'est-il passé entre ces deux coups de fil ? Pourquoi ce brutal changement de cap ? Il semble que le témoin potentiel ait pris avis auprès du père de la victime qui lui aurait conseillé de se taire. Elle raccroche. C'est bien cela, l'omerta, cette « trouille merdique », comme dirait Vincent Carlotti, ancien élu, ex-vice-président de la première collectivité de Corse et longtemps chef de file de la gauche socialiste.

Des déconvenues, j'en ai connu plusieurs lors de l'élaboration de ce présent ouvrage collectif, dont l'idée fut lancée il y a deux ans par l'éditeur Roman Perrusset, avec lequel nous avions bâti le succès de *Juges en Corse*. Malheureusement, Roman nous a quittés depuis, bien trop tôt. Parfois la vie est impitoyable. Qu'il me soit permis ici de lui rendre hommage.

Le scénario de ce nouveau livre s'est dessiné justement dans le sillage de la parution du premier opus, lequel est venu briser comme un missile la vitrine médiatique locale. D'où quelques courroux, y compris de magistrats en poste dans l'île pour le moins irrités de se voir ainsi pris à revers par leurs propres collègues.

Dire que *Juges en Corse* a touché au but est un pléonasme, à tel point que des leaders d'opinion se sont emparés de l'ouvrage pour en faire un outil de réflexion démocratique, au grand dam du Landerneau médiatique et politique insulaire, plutôt furieux de voir ainsi des magistrats – sous la conduite, en outre, d'un journaliste *pinzutti* (du continent) – redistribuer les cartes d'un jeu de poker menteur qu'ils maîtrisaient jusque-là à la perfection.

Aujourd'hui, ce ne sont plus des juges, mais des élus locaux, anciens élus, citoyens, membres d'associations, acteurs de la société civile, qui viennent témoigner dans ces pages tout à la fois de leur vécu insulaire et du poids insoutenable de ce qu'il faut bien appeler l'« emprise mafieuse », avec son corollaire, cette fameuse omerta. L'expression vient de Sicile, dans la patrie de Cosa

Nostra, où la règle est : *Acqua in bocca* («Eau dans la bouche»). Belle image.

Ces derniers mois, les choses ont évolué dans l'île de Beauté, avec la création de deux collectifs antimafia, à la suite de l'assassinat en septembre 2019 d'un propriétaire de paillote et militant écologiste : Maffia nò, a vita iè («La mafia non, la vie oui») et Massimu-Susini, du nom de la victime.

L'omerta, c'est comme une injonction divine. De l'«honorable société» tu ne parleras point. Si tu en parles, ce sera exclusivement avec des membres de l'organisation, et sur le mode du discours incomplet, si bien décrit par le repenti Tommaso Buscetta, dont le terrifiant Toto Riina avait massacré toute la famille. Le procédé consiste à constamment employer des images pour dire les choses, sans se référer à un contenu précis. Il appartient alors à l'intéressé de décoder le message.

Aujourd'hui, en Corse, c'est ce discours incomplet qui prévaut, ne serait-ce qu'au travers de ceux qui sont censés apporter la lumière au peuple endormi. Je pense évidcmment à des personnages comme l'emblématique journaliste Sampiero Sanguinetti. Cette figure historique fort respectée de France 3 Corse critique vivement les propos de nos magistrats dans un ouvrage au titre pour le moins sibyllin : *Corse : de quoi la mafia est-elle le nom*[1] *?* Ne serait-ce pas déjà là un fragment de discours incomplet ? Comment celui qui a travaillé pendant près de six ans pour la chaîne corse Via Stella en Sicile

1. Sampiero Sanguinetti, *Corse : de quoi la mafia est-elle le nom?*, Ajaccio, Éditions Albiana, 2019.

n'a-t-il pas trouvé de correspondances, de témoins d'alerte communs, d'équivalents culturels entre ces deux îles ? Où était-il ? Que voyait-il ? Qu'entendait-il ? Ne pourrait-on parler ici de « déni » de mafia ? Rien n'est dû au hasard, la parution de ce plaidoyer ambigu est concomitante de l'émergence du mouvement antimafia, incarné par les deux nouveaux collectifs précédemment cités.

En outre, il me semble que la présence de plus en plus prégnante des organisations criminelles sur l'île est le fruit de tout ce qui fait la société corse. Le Larousse donne une autre définition au mot « omerta », qui élargit sensiblement sa zone d'influence dans la société : « Le silence qui s'impose dans toute communauté d'intérêts. »

J'ai effectivement rencontré à de nombreuses reprises cette omerta pour « communauté d'intérêts » dans cette aventure éditoriale, au travers notamment de la surprenante attitude de deux témoins membres d'une association de défense de l'environnement, qui, après avoir accepté de s'asseoir à ma table, ont refusé de payer l'addition... Ils s'étaient ouverts à moi, largement répandus, et, brusquement, ils ont fermé la porte. *Acqua in bocca*, en somme.

Il est vrai que la situation dans ce triangle d'or de l'immobilier qu'est l'extrême Sud de l'île a de quoi faire taire les plus téméraires, tant le climat est pesant, malsain, en un mot mafieux. À Bonifacio, même les bateliers se bouffent le foie pour la manne des touristes, lesquels n'entendent pas siffler les balles, tout comme ces milliardaires repus assis avec quelque « people » dans leurs yachts, alors que les cadavres s'étalent parfois sur le bitume du port de plaisance[1]. « Vous reprendrez bien quelques aubergines à la bonifacienne... »

Certains se souviendront que Massimu Susini s'était justement rendu à « Bonif » quelques semaines avant son assassinat sur le site magique de la plage de la Rondinara pour protester avec quelques opposants contre la construction sans permis de deux villas sur le site. Pas de quoi impressionner l'homme d'affaires Pierre Ferracci, propriétaire de ces constructions illégales, un homme que l'on dit très proche de l'Élysée. J'ai appris depuis que l'association Massimu-Susini aurait subi de fortes pressions, voire des menaces, ces derniers temps, ce qui limite singulièrement la volonté d'exposition au soleil des falaises. *Acqua in bocca*, toujours. Tel est donc le climat dans l'extrême Sud. Un climat extrême.

Y aurait-il quelque chose de pourri au royaume de Danemark ? Je dirais que cette île navigue plus que jamais dans un océan d'incertitude depuis l'arrivée au pouvoir des nationalistes. Quelle que soit leur bonne volonté, ils ont bien des difficultés à assumer la conduite du pouvoir politique, alors même, comme le

1. Paul Rocca, cogérant de la SMPB (Société des promenades en mer de Bonifacio), a été assassiné sur le port le 11 juin 2019. Son frère, François, avait lui-même été abattu dix ans plus tôt. En mai 2004, Antoine-Joseph Cantara, dit Jojo, est tué d'une balle dans la tête, toujours sur le port. En 2010, un batelier de trente-deux ans, Jean-Sébastien Gros, est assassiné dans le jardin de sa propriété de Sant'Amanza. Des écoutes visées dans le rapport de la DRPJ de 2017 révèlent l'intérêt du clan Federici pour les promenades en mer bonifaciennes. Et pas seulement pour la beauté des paysages.

remarquent plusieurs de nos témoins, que l'on ne peut leur attribuer la responsabilité d'une dérive amorcée depuis des décennies.

Quant au pouvoir économique, il a glissé aux mains d'une oligarchie d'entrepreneurs groupée au sein du consortium CM Holding, qui ne cesse de soulever des interrogations[1]. En arbitre, l'État semble avoir bien du mal à tenir la barre du bateau ivre qu'est devenue la Corse.

Nous reviendrons plus loin, au travers du témoignage très précis de Catalina Vesperini, sur les circonstances pour le moins troublantes, sinon troubles, de la reprise en 2016 de la Société nationale maritime Corse-Méditerranée (SNCM) par la compagnie Corsica Linea, toujours *via* l'énigmatique consortium. De même, nous évoquerons l'histoire encore plus mystérieuse de la gestion de la desserte maritime.

En juin 2019, le parquet national financier est saisi d'une enquête destinée à faire la lumière sur les conditions de reprise de la SNCM par le consortium, et surtout à démêler l'énigme de la création avortée d'une compagnie maritime régionale. L'enquête est toujours en cours. Encore une fois, l'État se trouve en situation d'arbitre de mauvaises combines insulaires.

1. Cette holding est créée en 2015 par un noyau dur de 12 fondateurs en vue de reprendre la compagnie de transport maritime SNCM. Ils ont apporté chacun 100 000 euros. Le consortium CM Holding est désormais composé de 155 entreprises, dont 15 actionnaires principaux qui détiennent 95 % du capital. La structure fait actuellement l'objet d'une enquête du parquet national financier (source : *Mediapart* du 24 juin 2019, « Les nouveaux maîtres de la Corse », Hélène Constanty).

S'ajoutent les démêlés de l'un des membres les plus influents de CM Holding, l'entrepreneur Patrick Rocca, avec le clan Federici, l'une des plus puissantes organisations criminelles de l'île, comme le révèle un rapport de police fort documenté que j'ai pu consulter[1].

Ce rapport trace les contours d'un clan familial articulé autour de deux chefs de guerre actuellement incarcérés dont les membres sont surnommés les « bergers braqueurs ». Ange Toussaint et Jean-François sont des spécialistes reconnus en activités criminelles traditionnelles : racket, trafic de drogue, cercles de jeux, boîtes de nuit, assassinats, etc. Mais le plus impressionnant est que le document détaille par le menu un système de blanchiment s'exprimant au travers d'une multitude d'activités qui vont de l'immobilier au fret aérien, en passant par la sécurité et les activités agricoles. Tout le tissu économique corse est infiltré grâce à l'entremise de prête-noms et d'un fondé de pouvoir qui, par ailleurs, occupe un poste sensible au sein d'une collectivité publique.

À ce jour – et malgré les éléments accablants de ce rapport –, le système en lui-même n'est pourtant pas atteint, malgré des enquêtes diligentées sur certaines des sociétés concernées : ce constat remet sérieusement en question la pertinence des outils juridiques mis à la disposition de la justice.

De l'autre côté, les « méchants » n'hésitent pas à agir, comme en témoigne une noria d'attentats menés en

1. Rapport de la DRPJ d'Ajaccio adressé le 21 juillet 2017 au juge Guillaume Cotelle, de la juridiction interrégionale spécialisée de Marseille (Jirs).

2016 contre les locaux professionnels de membres du consortium, dont son instigateur, le puissant François Padrona, qui a édifié à Ajaccio le plus grand centre commercial Leclerc d'Europe. Padrona, Rocca et les autres, tels sont les « nouveaux maîtres de la Corse », comme le titrait le site *Mediapart*. Mais des maîtres qui sont manifestement sous surveillance…

Ce climat si pesant est-il le fruit d'un engouement spontané des organisations criminelles pour l'île de Beauté ? Loin de là.

Tout semble s'être construit à l'aube des années 1980, avec l'apparition de la célèbre équipe de la « Brise de mer ». Ces braqueurs venus pour la plupart du quartier populaire bastiais de Lupino ont à leur actif quelques casses emblématiques, comme celui de l'UBS de Genève en 1990. « La Brise », comme disent les initiés, forme le premier chapitre de cette saga mafieuse insulaire.

Je dis bien « insulaire », car d'autres Corses, tout aussi bien organisés, ont auparavant dessiné les contours de ce que le Congrès américain considérait alors comme l'une des plus puissantes mafias au monde[1] : la French Connection – le réseau franco-corse d'exportation d'héroïne vers les États-Unis entre 1930 et 1970. Marseille en était la plaque tournante. Souvenons-nous de Lucky Luciano, venu en ambassadeur sur la Canebière dans les années 1950 pour rencontrer les frères Guérini, alors maîtres des lieux.

1. *Organized crime and illicit traffic in narcotics*, audition du 30 juillet 1964.

On évoque de même la présence d'au moins un Corse au fameux *summit* de l'hôtel des Palmes de Palerme qui vit se réunir du 10 au 14 octobre 1957 les boss d'outre-Atlantique et de Sicile pour ce que l'on a baptisé le « Yalta de l'héroïne ».

Mais parler de « la » mafia corse n'est vraiment pas adapté. On ne peut parler d'une mafia corse unifiée, comme nous parlerions de Cosa Nostra en Sicile ou des Calabrais de la 'Ndrangheta. Non, la Corse a ses spécificités. Pas besoin ici de rituels initiatiques, de référents maçonniques (même si certains frères rôdent alentour...) et autres doigts coupés, il suffit de prononcer le mot « argent ». Et toutes les portes s'ouvrent.

Nous évoquons ici de puissantes organisations criminelles locales à vocation internationale, à l'image, nous l'avons vu, de la Brise de mer ou de clans mafieux plus récents comme l'équipe dite « du Petit Bar » d'Ajaccio ou des « bergers braqueurs » précédemment cités. Le Petit Bar doit son nom à un établissement ajaccien du cours Napoléon aujourd'hui disparu. Quant aux bergers de Venzolasca, cela fait bien longtemps qu'ils n'ont pas trait la moindre brebis. La Corse est certes leur territoire, mais leurs investissements n'ont pas de frontières, comme l'a prouvé la formidable expansion des réseaux Corse-Afrique mêlant grand banditisme, rois nègres et haute politique.

Comme dans un gâteau, il convient d'atteindre la bonne couche pour trouver une logique à tout cela, alors qu'il y a bien longtemps que certains ont tiré la sonnette d'alarme. Je pense à nouveau à Vincent Carlotti, premier témoin de notre saga, qui fit voter au forceps par le conseil général de Haute-Corse une motion sur le développement de la pègre. Nous sommes en 1986, la Brise de mer se lèche les babines et ces élus « en appellent à l'État pour considérer la situation de la Corse comme prioritaire ». La motion demande également à la population de « prendre conscience de la gravité de la situation » et de « rejeter sans appel les entreprises criminelles qui font tant de mal à la Corse »[1].

Il est singulier qu'il ait fallu attendre trente-quatre ans pour qu'une esquisse de mouvement populaire réponde à cet appel pour dénoncer cette mise en coupe réglée de tout un pan de la vie socio-économique de l'île, désormais menacée jusqu'au moindre marché public, comme en témoignent ici ces élus courageux qui ont accepté de parler : Séverin Medori et David Bruggioni. Mais, à part ces « maires courage » qui occupent bien malgré eux le devant de la scène, il n'y a guère en Corse de puissant mouvement populaire comme il en existe depuis le début des années 2000 en Sicile.

À cette époque, de jeunes diplômés qui viennent de terminer leur cursus se réunissent dans un bar de Palerme. Il y a là un médecin, un avocat, un futur enseignant, etc. Tous ont le désir, avant d'entamer leur carrière professionnelle, de se rendre utiles à la société. Le débat tourne autour d'actions caritatives, une grande tradition en Sicile. Nous l'avons vu récemment au travers de l'affaire des migrants[2]. Mais leurs regards se

1. Délibération du conseil général de Haute-Corse du 22 octobre 1986.

2. De nombreuses initiatives d'aide aux migrants ont été entreprises par le maire de Palerme, Leoluca Orlando.

tournent ici en direction de cette terrible et oppressante Cosa Nostra. Une organisation qui s'insinue dans toutes les strates de la société pour mieux la contrôler, comme tentent de le faire aujourd'hui les mafias corses.

Il est vrai qu'il est difficile d'établir un strict parallèle tant les statuts de la Corse et celui de la Sicile sont distincts d'un point de vue géo-économique et institutionnel. Bénéficiant d'une « superautonomie », l'île italienne contrôle par exemple tout le secteur de la santé ou de la formation, ce qui représente un budget faramineux aspiré par une mafia qui dispose d'impressionnants outils de captation de l'argent public : cliniques, entreprises de BTP, chantiers navals, manufactures, etc. Mais des indicateurs montrent bien qu'un modèle similaire s'implante en Corse, tant au travers des organisations criminelles connues que d'investissements importants opérés par les mafias italiennes sur le sol insulaire.

Pour revenir à Cosa Nostra, l'organisation développe ses activités criminelles traditionnelles au sein de ce que l'on appelle l'« appareil militaire », par opposition au « cercle de la bourgeoisie mafieuse », qui gère le trésor de la mafia. L'une des mannes les plus lucratives est, à n'en pas douter, le racket, le fameux *pizzo*.

Cette extorsion de fonds institutionnalisée inspire à nos étudiants du bar de Palerme la création d'une association composée, au départ, d'anonymes. Les militants d'Addiopizzo se glissent à la nuit tombée dans les rues pour apposer des autocollants où l'on peut lire : *Un intero popolo che paga il pizzo e un popolo senza dignita*, que l'on peut traduire par : « Un peuple entier qui paie le racket est un peuple sans dignité. » Ces jeunes audacieux feront longtemps tourner en bourrique les autorités, interloquées devant ceux qui osent défier Cosa Nostra. Mais qui sont-ils ? Ce sont simplement des étudiants, des citoyens, des entrepreneurs, qui ont trouvé le courage de dire « non ».

Ce mouvement très spontané qui perdure aujourd'hui en Sicile fut une vraie révolution au pays de Cosa Nostra. Il provoqua une prise de conscience qui amena bien des commerçants rackettés à rejoindre l'association en s'affichant comme commerces devenus propres. Un autocollant est ainsi désormais distinctement placé sur chaque vitrine, signe qu'en pénétrant dans ce lieu, tout est propre, indemne de toute trace de mafia.

J'ai eu le privilège de suivre ces jeunes gens de nuit dans le sombre quartier de la gare à Palerme. Une voiture de mafieux censée nous surveiller nous tournait autour. L'ambiance était vraiment pesante au milieu des rats qui traversaient la rue, des ombres sur les murs sales, des regards durs de ces jeunes Siciliens qui ne semblent avoir peur de rien ni de personne, pas même de leur propre famille, qui trop souvent leur tourne le dos.

Qu'en pensent aujourd'hui les commerçants corses, eux-mêmes contraints d'honorer l'amende dressée par les messagers du Petit Bar, des Federici et des autres ? Sont-ils prêts à sortir ainsi de l'ombre, à rejoindre un groupe vertueux à l'image d'Addiopizzo ? Je me montre personnellement fort réservé sur la question, tant l'île, marquée depuis quelques années par le « chacun pour soi », s'éloigne des images d'Épinal des grandes luttes régionalistes et solidaires. Cette perte de réflexion collective est à l'évidence du pain bénit pour les mafieux insulaires.

Restons encore quelques instants en Sicile. La visite des coopératives agricoles qui reprennent en main les terres confisquées aux mafieux pour produire des biens de consommation « vertueux » est riche d'enseignements. Parfois la mafia est mauvaise perdante, les tracteurs et le foin brûlent à la nuit tombée, comme me le raconte devant un café ristretto le jeune responsable d'une structure installée dans l'un des fiefs emblématiques des gens de Corleone. Le système italien, contrairement au français, appréhende clairement le phénomène mafieux. Il se dote d'instruments juridiques efficaces et suffisants pour contrer l'expansion irrémédiable de la Pieuvre. À commencer par l'application d'un statut de repenti efficace qui, chez nous, demeure friable.

Retour en France. Claude Chossat, le premier à avoir parlé, a, comme on dit, essuyé les plâtres. Il ne doit sa liberté actuelle et surveillée qu'à l'implication de deux magistrats de la Jirs de Marseille, Claude Choquet et Guillaume Cotelle, venus témoigner lors de son procès aux assises d'Aix-en-Provence. Leur déposition était une suite logique à leurs déclarations dans *Juges en Corse*. Claude Choquet expliquait ainsi que Chossat avait livré des clés de compréhension essentielles sur le fonctionnement de la Brise de mer et plus globalement de l'ensemble des organisations criminelles insulaires. Il est clair que, sans cette intervention, le repenti aurait écopé d'une bien plus lourde condamnation[1]. Mais Chossat demeure amer. On lui avait tant promis…

La création de l'Agence de gestion et de recouvrement des avoirs saisis et confisqués (Agrasc), en 2010, constitue une avancée significative. Calqué sur le modèle italien, cet organisme a démontré que les mafieux corses ne sont plus à l'abri d'être frappés au portefeuille, à l'image de Jean-Luc Germani, le lieutenant et beau-frère du mythique Richard Casanova, dont la villa a été confisquée puis vendue au profit de l'État.

Bientôt viendra le jour où une villa de mafieux avec sa piste d'hélicoptère sera attribuée à un organisme d'insertion professionnelle, à l'image de ce qu'il se passe de l'autre côté des Alpes. L'idée paraît encore extravagante à bien des Corses, tant la proximité est grande sur l'île de Beauté, mais elle verra sans doute le jour, à l'initiative notamment de l'actuel responsable de l'Agrasc. Nicolas Bessone maîtrise fort bien la question corse. Tombeur de Paul Giacobbi, alors l'homme politique le plus puissant de l'île, l'ancien procureur de Bastia a marqué les esprits.

N'oublions pas le rôle essentiel de l'association Anticor, relais efficace des lanceurs d'alerte, comme en témoignent ici à la fois Dominique Yvon et Vincent Carlotti. S'occuper d'Anticor en Corse n'est pas une mince affaire.

Face à la mobilisation, la mafia recule toujours, comme elle a reculé quand la foule a envahi les rues de

1. Claude Chossat est condamné à huit ans de prison pour son implication dans l'assassinat en 2008 de Richard Casanova. L'avocat général Pierre Cortès avait réclamé quinze ans de réclusion criminelle.

Palerme après les assassinats des juges Falcone et Borsellino. Et comme la mafia a reculé quand des milliers de Corses sont descendus dans les rues d'Ajaccio pour crier leur tristesse et leur colère après l'assassinat du préfet Claude Érignac. Certes, on parle ici de crime politique, mais dans son mode opératoire il s'agit bien d'un crime mafieux. Sans parler des nombreuses interrogations qui ont entouré l'environnement de l'enquête et les fameuses notes disparues du coffre du préfet abattu le 6 février 1998. Malheureusement, les dizaines de milliers de manifestants de cette année 1998 sont depuis rentrés chez eux pour ne plus en ressortir.

Les Corses – et les témoignages recueillis dans ce livre le démontrent – ne sont pas aujourd'hui arrivés au degré de maturité du peuple sicilien, sans doute aussi parce que l'île n'est pas parvenue au même niveau de gangrène mafieuse. Malheureusement, elle semble rattraper son retard à grandes enjambées. Cette maladie létale demeure bien présente dans les fondements de la société insulaire. Qu'en sera-t-il demain ? Le peuple de Corse n'attend-il pas trop de l'État, censé rassurer la population, engluée dans cet océan de peurs et d'incertitudes ?

Certes, tout n'est pas noir sur l'île de Beauté. Des entreprises vertueuses créent, innovent. Des jeunes reviennent peupler les villages oubliés pour reprendre des activités agricoles abandonnées depuis des lustres par ces familles parties vivre à la ville. Mais la fracture sociale, alliée à la juteuse manne du tourisme, semble telle que rien n'arrête le formidable appétit des mafias insulaires. Cet appareil fascisant sinon fasciste, comme le décrit si bien Séverin Medori, est maintenant largement installé, muselant la presse, terrorisant tant le simple citoyen que le bourgeois ayant pignon sur rue.

Des mécanismes archaïques nés de l'histoire agitée de cette île passée de main en main parviennent en outre à brouiller les cartes. Jalousies, rivalités, vendettas minent et continuent de miner la vie de l'île. Il convient donc aujourd'hui d'engager une révolution des mentalités, sous peine de voir ce territoire de la République passer ce que le responsable de l'association Anticor Dominique Yvon appelle le «point de bascule». La bascule vers le gouffre…

Et des points de bascule, l'île en a connu ces dernières années. Il y eut ainsi l'assassinat en 2006 de Robert Feliciaggi, dit «Bob l'Africain», maire de Pila Canale, homme de Pasqua et surtout empereur des jeux en Afrique aux côtés d'un certain Michel Tomi, quant à lui toujours aux commandes.

Puis, six ans plus tard, survient le grand massacre des notables d'Ajaccio : l'ex-bâtonnier Antoine Sollacaro, le président de la chambre de commerce Jacques Nacer et le président du parc régional Jean-Luc Chiappini, tous crimes irrésolus, excepté une ébauche d'élucidation pour le dossier Sollacaro qui pointe du doigt la fameuse équipe du Petit Bar, objet de toutes les attentions judiciaires.

Il y eut enfin cet autre notable, le directeur des services du conseil général de Haute-Corse, Jean Leccia, assassiné sur une route déserte à Aleria en 2014. À quand le prochain chapitre, alors que la situation, particulièrement à Ajaccio, demeure extrêmement tendue ?

Depuis des décennies, la démocratie ne cesse de reculer en Corse face au pouvoir de l'argent et seuls quelques insulaires trop souvent isolés acceptent de s'exposer pour dénoncer l'irrémédiable dérive. Aujourd'hui, la Corse a peur. Peur peut-être d'elle-même et de ses vieux démons qui légitiment violence et vendetta. Des valeurs très ancrées dans les mentalités.

On le voit, le chantier est immense, comme en témoignent ceux et celles qui ont accepté de se confier dans cet ouvrage. L'impossible retour de Marie-France Antona, le pardon improbable de Dominique Bucchini à son poseur de bombe, l'incroyable résistance des femmes de l'office des transports, la lutte admirable de Ghjiseppu Maestracci contre les négriers insulaires, l'inflexible volonté de nos « maires courage », l'interminable et épuisant combat de la châtelaine de Murtoli, Anne de Carbuccia, le désespoir de Pascal le bistrotier d'Ajaccio face à la mafia… Autant de témoignages forts. Autant de preuves que la Corse est embarquée depuis des années dans une inquiétante dérive.

Tous ces témoins ont accepté de parler à cœur ouvert pour rendre sa dignité à l'île de Beauté, une beauté ternie par la violence et le féroce appétit de quelques-uns. La Corse le mérite.

Jean-Michel Verne

1

Vincent Carlotti : « Tu sais, ils ne sont pas contents »

Ancien élu et chef de file du PS en Corse, Vincent Carlotti crée l'antenne d'Anticor en 2010. Il fut le premier à dénoncer l'emprise mafieuse de la Brise de mer sur la société insulaire dans les années 1980.

Ma famille paternelle est originaire de Pianellu, maternelle de Venaco, puis elle a émigré vers Aleria, la patrie des bergers. Cette population nomade ne se paie pas de mots superflus, ne s'occupe pas des affaires des autres parce qu'elle n'aime pas que l'on s'intéresse aux siennes. C'est un triste constat, cette tradition du silence est inscrite dans notre patrimoine culturel. La Corse en paie le prix fort lorsquc la gangrène du banditisme la corrompt.

J'ai quitté l'île dès l'âge de dix-sept ans pour poursuivre des études à l'Institut national agronomique (INA) de Paris. À l'âge de trente-six ans, je suis retourné dans notre fief familial d'Aleria. Mon père et mon grand-père en étaient maires. Je le deviendrai à mon tour en 1986, à la suite du décès de mon père dans un accident de voiture.

Je suis de retour sur l'île en 1974. J'avais auparavant pas mal bourlingué. Je tiens à revenir ici sur ce parcours qui m'a ouvert l'esprit, permis de découvrir qu'il y avait un ailleurs à la Corse. J'appartiens à une génération inspirée par les idées de René Dumont, qui fut mon professeur à l'INA. Cet immense agronome fut d'une certaine façon le père de l'écologie. Il nous fallait sauver de la faim ce qu'on appelait le « tiers-monde ».

Après une brève incursion en Colombie, je me dirige vers l'Afrique noire, précisément au Congo-Brazzaville, pour mettre mes compétences au service de l'Afrique et des Africains au sein d'un institut de recherche, l'Office de la recherche scientifique et technique outre-mer (Orstom), devenu aujourd'hui l'Institut de la recherche et du développement (IRD). Mon rôle consiste à étudier et à cartographier les zones susceptibles de connaître une vocation agricole. Ce métier passionnant m'amène à parcourir une partie de l'Afrique équatoriale, à vivre au plus près des populations.

Un jour m'est confiée avec un collègue la mission d'explorer une vaste zone de forêt équatoriale en République centrafricaine. Nous sommes chargés de vérifier si l'on peut y implanter une grande plantation de cacao.

Notre rapport, rendu deux ans plus tard, conclut à l'infaisabilité de l'opération. Notre hiérarchie nous enjoint pourtant de modifier sensiblement les conclusions de l'étude, un homme politique très important étant intéressé par le développement de ce même projet.

Je découvre là ce que je soupçonnais déjà : la soumission de trop de travaux de recherche à des intérêts qui leur sont tout à fait étrangers. J'exècre ce mode de fonctionnement, que je vais retrouver bien plus tard en

Corse. Et c'est pour cela que j'en parle aujourd'hui. Je me suis engagé pour sauver le tiers-monde de la faim, pas pour couvrir une sombre magouille.

La conséquence était logique : j'ai posé ma démission, et suis rentré en métropole. Ça a été pour moi un vrai déchirement alors que j'avais envisagé de passer ma vie outre-mer. Toute mon histoire commence, on le voit, bien loin de la Corse.

Je regagne donc Paris un peu dépité. Je choisis de m'orienter vers l'industrie informatique, qui recherche à l'époque des ingénieurs sortis des grandes écoles, l'informatique n'étant pas encore enseignée à l'université. J'entre donc au département industries mécaniques à la Compagnie des Machines Bull, le constructeur français d'ordinateurs alors concurrent de l'américain IBM.

C'est lors d'un déplacement à Rotterdam organisé avec un chargé de mission de la délégation interministérielle à l'Aménagement du territoire et à l'Attractivité régionale (Datar) pour les principaux ports autonomes français que s'est dessiné, par hasard, mon retour en Corse. Mon interlocuteur avait en charge un dossier dont il n'arrivait pas à se dépêtrer : la mise en place à Ajaccio d'un centre informatique pour les administrations et les collectivités. Il voulait connaître mon avis sur la question. Quelques jours plus tard, il me proposa le poste de chargé de mission Datar auprès du préfet de région. Je l'ai accepté. Est alors survenue l'affaire de la cave d'Aleria[1], qui a changé mon destin.

1. Le 21 août 1975, un commando de militants de l'Action régionaliste corse (ARC) mené par Edmond Simeoni investit la cave viticole Depeille à Aleria. Le lendemain, deux gendarmes sont tués lors de l'assaut mené

Je vis à l'époque avec inquiétude le déroulement des événements, de mon bureau de la mission régionale de la préfecture d'Ajaccio. Je me rends très vite à Aleria par la route. M'arrêtant quelques instants à Venaco, j'apprends que mon cousin Léo Battesti[1] se trouve dans la cave avec les nationalistes. La situation est vraiment étrange, car mon père, alors maire d'Aleria, se trouve en cure en Italie, d'où il m'appelle sans se douter de la gravité de la situation. Je l'informe de la prise d'otages. Il est stupéfait.

Le lendemain débarque au domicile familial le chauffeur du sous-préfet de Corte. Puis le sous-préfet lui-même passe le portail. Une scène surréaliste s'ensuit. Le haut fonctionnaire s'assied, prend sa tête entre ses mains et se met à pleurer devant moi, comme un enfant. Je vois encore le chauffeur lever les yeux au ciel. La veille, les fenêtres de la sous-préfecture avaient été mitraillées.

Par la suite, j'ai un échange avec François Roussely, le directeur de cabinet de Pierre Joxe, alors ministre de l'Intérieur. Je lui explique qu'il n'est pas opportun d'affecter en Corse des fonctionnaires aussi fragiles psychologiquement. Roussely me répond avec un brin

---

par les forces de l'ordre et un militant est grièvement blessé. De très graves incidents interviennent dans la nuit à Bastia, où un CRS est tué dans les affrontements. Aleria marque la radicalisation du mouvement nationaliste, qui débouche un an plus tard sur la création du Front de libération nationale corse (FLNC).

1. Léo Battesti fut l'un des fondateurs et leader du FLNC. Journaliste puis homme politique, il préside la Ligue corse des échecs. Il est l'instigateur, avec Vincent Carlotti, du collectif antimafia Maffia nò, a vita iè, *op. cit.*

de cynisme qu'on ne peut pas nommer dans une sous-préfecture de quatrième catégorie autre chose qu'un sous-préfet de quatrième catégorie. La suite des événements prouve que l'État a commis une lourde erreur dans la gestion fort maladroite de cette crise. Et la Corse n'a pas fini, encore aujourd'hui, d'en payer le prix.

Quelques mois après le drame d'Aleria, mon père, alors conseiller général de Haute-Corse, conscient qu'un changement de génération est nécessaire, me demande de me présenter au conseil général, ce que j'accepte sans hésitation. Je prends conscience que je ne retournerai jamais à Paris.

En mars 1976, me voilà élu au conseil général de Haute-Corse. Quelques mois plus tard, je reçois la visite dans les locaux de la collectivité d'un fonctionnaire de police qui est un ami d'enfance. Il souhaite me présenter une jeune femme qui a des choses intéressantes à me dire. Rendez-vous est pris. Mon interlocutrice s'assied, puis elle fond en larmes en me racontant son incroyable histoire. Cet agent des services fiscaux a été chargé de contrôler L'Apocalypse, une discothèque du sud de Bastia placée sous la coupe de ce que l'on n'appelait pas encore la « Brise de mer ».

La contrôleuse pénètre dans les lieux, constate que la salle est vide, à l'exception d'un barman auquel elle se présente et de trois hommes attablés. L'un des hommes se lève, se dirige vers la fonctionnaire et l'invite à boire un verre. Elle refuse. Il l'invite à nouveau. Même réponse. L'homme sort soudain une arme de son veston et la pointe vers elle. « Buvez ! » dit-il. Elle s'éloigne sans dire un mot et se rend chez son chef de service, qui, lui enjoignant de ne pas s'inquiéter, lui propose une mutation sur le continent, ce qu'elle refuse. Elle me confie : « Je ne veux pas être mutée, je veux que l'on règle cette affaire un point c'est tout. » Il me semble dès lors évident que ce dossier doit être porté sur le terrain politique.

Je contacte immédiatement François Giacobbi[1], alors sénateur et président du conseil général de Haute-Corse. Je l'informe de ce qui vient de se passer et je propose que le conseil général tienne une session extraordinaire consacrée au grand banditisme, idée totalement saugrenue à l'époque. François Giacobbi se défile dans un premier temps, estimant que ce n'est pas le rôle du conseil d'intervenir dans ce domaine. Devant mon insistance, il finit par céder. Mais en réalité, le président va tergiverser durant six mois, à tel point que, sortant de mes gonds, je le menace de tenir une conférence de presse.

Quelques semaines plus tard, la session est enfin ouverte. Je dépose pour introduire ma demande de session un « vœu » qui commence par la phrase suivante, lue devant mes collègues dans un silence pesant : « Cinquante personnes déterminées peuvent mettre la Corse en coupe réglée... »

Suspension de séance. Je me retrouve dans le bureau de François Giacobbi en compagnie de deux ou trois conseillers généraux. Le président nous expose comment il compte organiser la discussion puis le vote sur ma proposition. Un élu, vieil ami de mon père,

1. François Giacobbi est le père de Paul Giacobbi, futur président Parti radical de gauche (PRG) du conseil exécutif de Corse.

s'approche alors de moi, me prend par le bras. Nous faisons quelques pas et il me glisse à l'oreille : « Tu sais, "ils" ne sont pas contents. » Je ne me démonte pas : « C'est qui "ils" ? » L'« ami » me répond : « Tu le sais bien et ils ont un message pour toi : que tu la fermes. » Je me souviendrai toujours de ses mots, prononcés en Corse comme pour accentuer la pression. Cerise sur le gâteau, quand le président suggère que nous votions à la fin de la session une motion condamnant le grand banditisme, l'un de nos collègues présents dans la pièce prononce distinctement ces mots : « Pas moi, président, vous savez que je ne peux pas aller contre ces gens-là... »

La session reprend, et le président Giacobbi propose qu'un élu de l'opposition s'exprime après que j'ai lu mon vœu. La séance redémarre une heure plus tard à huis clos, l'opposition ayant refusé que l'un de ses représentants s'exprime publiquement sur la question... Elle s'est finalement exprimée après que le huis clos a été prononcé. Le gang de la Brise de mer n'a pas apprécié ma démarche, c'est le moins qu'on puisse dire.

Vient l'heure des élections municipales de 1995. Je constate la présence de Daniel Vittini dans la salle de dépouillement. Vittini est un membre de la Brise de mer – il sera retrouvé mort en 2008, abattu par Francis Mariani, selon le repenti Claude Chossat[1]. Vittini n'avait rien à faire dans cette pièce, il n'était pas électeur, pas plus que résident d'Aleria. Ce mafieux était là

1. Claude Chossat, *Repenti*, Paris, Fayard, 2017.

simplement pour vérifier que je serais battu ce soir-là. Et je le fus. On comprend mieux avec quels appuis...

J'ajoute que s'ils m'ont effectivement combattu avec leurs amis d'Aleria, ces gens-là ne m'ont jamais menacé directement. L'un des frères d'une autre fratrie fondatrice de la Brise de mer, les Guazzelli, avait son « quartier général » en plaine orientale dans un établissement du centre d'Aleria. Forcément, tous ces gens-là n'étaient pas indifférents au scrutin.

Dans chaque microrégion de Corse, vous avez aujourd'hui des voyous généralement en accointance avec une bande organisée. Cette gangrène s'est installée peu à peu et je ne crois pas qu'il existe une seule commune importante qui échappe à la règle. Il demeure bien difficile pour les élus de les tenir à distance respectable.

Si j'occupais des fonctions de maire à Aleria depuis 1986, je résidais en réalité à Porticcio, tout près d'Ajaccio. En 2001, nous décidons avec quelques amis de présenter une liste aux municipales sur la commune de Grosseto-Prugna, dont Porticcio est le hameau principal.

On se réunit régulièrement dans un bistrot, ce qui n'échappe pas à nos adversaires. Un matin, le patron, qui est un très bon ami, m'informe que Mme Marie-Jeanne Bozzi, elle-même candidate, souhaite faire ma connaissance. Je refuse de me rendre au domicile d'une famille qui a des démêlés avec la justice pour des affaires de proxénétisme[1], autant que de la recevoir

1. Marie-Jeanne et Antoine Bozzi seront condamnés en 2002 pour proxénétisme aggravé à une peine de prison avec sursis.

chez moi. Je propose donc une rencontre dans le fameux bar.

Après les amabilités d'usage, je m'adresse à Mme Bozzi, qui est accompagnée de son mari. Je préfère, après l'avoir remerciée pour son invitation, couper court à toute ambiguïté. J'explique que si je ne suis pas présent au second tour, il est exclu que j'appelle à voter pour la liste Bozzi. Ce qui met fin à notre entretien.

Mme Bozzi s'éclipse quelques minutes plus tard. Son mari demeure sur place et m'offre un verre. S'ensuit un savoureux dialogue plutôt cordial :

« Vous, vous n'aimez pas les voyous, me dit Antoine Bozzi.

— On ne peut rien vous cacher.

— Vous savez, monsieur Carlotti, je préfère les gens comme vous, qui disent ce qu'ils pensent, à ceux qui se disent vos amis et vous poignardent dans le dos. Au moins vous, on sait où vous êtes. »

Quand, bien plus tard, son épouse a été lâchement assassinée[1] de plusieurs balles dans le dos à Porticcio, j'ai longuement pensé à cette phrase qui en dit long sur la conception que nous avons des rapports sociaux dans l'île. L'avenue principale de Porticcio porte désormais le nom de Marie-Jeanne Bozzi et l'inauguration de la plaque a rassemblé le gratin de la classe politique insulaire… C'est ainsi. Je me dois de préciser que ces gens-là, quoi que je puisse penser des activités auxquelles ils se livrent, ne m'ont, eux non plus, jamais menacé.

1. Le 22 avril 2011, Marie-Jeanne Bozzi est assassinée sur le parking d'un centre commercial de Porticcio par deux tueurs en scooter. Elle est atteinte de huit balles de gros calibre.

Mais le récit continue. Pendant la campagne, le patron du bar, pour lequel j'ai beaucoup de considération, reçoit la visite de Jean-Gé Colonna, accompagné de deux individus. Jean-Gé est très proche de Marie-Jeanne Bozzi. Les trois hommes commandent de l'eau, et celui que l'on baptisait le « parrain de la rive sud du golfe d'Ajaccio[1] » aborde directement la question des élections municipales. Mon ami, conscient du caractère pour le moins particulier de la visite, prend les devants. Il assure que lui et moi sommes parents – ce qui est faux – pour justifier que j'aurai sa voix au premier tour. Mais au second tour, rétorque Colonna, Carlotti ne sera sûrement pas présent. « Votre suffrage ira-t-il à Marie Jeanne ? — Bien entendu », répond mon ami. Le parrain commande du champagne.

Cet épisode témoigne clairement de l'une de ces tentatives d'intimidation plus ou moins discrètes auxquelles se livrent chez nous ceux qui considèrent qu'il est essentiel de s'assurer de la complaisance des élus locaux.

Pour l'anecdote, j'étais encore présent au second tour. J'ignore si mon ami a voté pour moi, mais certains l'ont cru. Un mois après les élections municipales, un pain de plastic a fait sauter la porte du bar. Puis, un peu plus tard, l'établissement a été touché par un second attentat, le ravageant en partie.

Grâce à mon intermédiaire, l'ami cafetier rencontre en ma compagnie le préfet de police, Ange Mancini.

1. Cet ancien de la French Connection règne sans partage sur la zone d'Ajaccio jusqu'à son décès accidentel, en novembre 2006, quelques mois seulement après l'assassinat de son fondé de pouvoir Robert Feliciaggi.

Le préfet écoute attentivement et pose un certain nombre de questions à la victime, puis termine l'entretien par ces mots : « Monsieur, je vais vous parler franchement : je ne peux que vous conseiller de vendre le plus vite possible votre affaire, faute d'être contraint de la céder, plus tard, à vil prix. Tout ce que m'avez rapporté, nous le savons. Comme nous savons ce qui se passe sur la rive sud du golfe d'Ajaccio. Mais sans preuves matérielles, sans témoins, un renvoi devant les tribunaux mènerait tout droit à la relaxe des prévenus, ce qui serait contre-productif pour la justice et renverrait une image désastreuse de l'autorité à la population. Je vous ai parlé franchement par respect pour vous et pour monsieur Carlotti, dont j'apprécie le combat contre la pègre, mais je démentirai naturellement ces propos si vous les citiez publiquement. »

J'ai remercié ce jour-là Mancini pour sa sincérité. Reste qu'on ne peut que rester pantois en constatant cette impuissance du pouvoir régalien à faire respecter l'État de droit en Corse.

J'en ai eu la confirmation après avoir été reçu par le procureur général de la cour d'appel, auteur du seul rapport argumenté et très documenté sur le grand banditisme en Corse. Je souhaitais m'informer des suites du dossier Bozzi qui tardait à venir devant les tribunaux. J'ai mesuré à quel point ce que j'avais noté côté police était hélas tout aussi vrai côté justice.

À la fin de notre entretien, le haut magistrat me tend une lettre adressée à la garde des Sceaux de l'époque, Élisabeth Guigou, dans laquelle il demande qu'on lui explique pourquoi une dizaine de voyous de haut vol, qu'il cite dans son courrier, ont été radiés du fichier du grand banditisme. Qui peut être à l'origine de cette étrange et suspecte radiation ?

Sa réponse est cash : « Monsieur Carlotti, c'est "monsieur X" », dit-il en citant nommément un haut fonctionnaire de la direction centrale de la Police judiciaire et en ajoutant : « Cet homme a passé un pacte avec les voyous. C'est catastrophique pour la Corse et pour la République. »

Le magistrat termine notre conversation en prophétisant : « En Sicile, les mafieux instrumentalisent les hommes politiques. Ici, vous verrez, ils ne s'en contenteront pas longtemps, ils s'investiront directement dans la sphère publique et politique. Nous n'en sommes pas loin. »

La seule personnalité politique nationale qui a pris le problème à bras-le-corps est Christiane Taubira. Cette ministre de la Justice a rétabli le parquet financier à Bastia en publiant une directive pénale particulièrement claire et pertinente sur la délinquance financière.

Quant aux gouvernements Macron successifs, pour l'heure ils n'ont rien fait. Belloubet et Castaner n'ont pas trouvé une minute pour se rendre en Corse. Quant à Darmanin, nous jugerons sur pièces. La réalité corse, c'est le compromis permanent avec l'État, quand ce n'est pas carrément la compromission.

Petite lueur d'espoir, le collectif Maffia nò, a vita iè, que j'ai lancé avec mon cousin Léo Battesti, a été récemment reçu par le chef de cabinet du président de la République, en déplacement en Corse. Apparemment son action en inquiète un certain nombre, et les pressions commencent à s'exercer, en particulier sur Léo Battesti, menacé de mort par des inscriptions explicites sur les murs d'Ajaccio.

Un exemple frappant de l'ambiguïté des autorités est l'affaire des gîtes ruraux de Haute-Corse. Un jour, un informateur vient me voir à la maison alors que j'étais le référent de l'association anticorruption Anticor pour la Corse. Il déploie une grande carte sur la table et me désigne une liste de points rouges. Il m'explique que ces gîtes sont subventionnés par le conseil général de Haute-Corse et que les fonds sont largement détournés par nombre de bénéficiaires. Mon visiteur m'informe que le président du conseil général, Paul Giacobbi, est parfaitement au courant de ces dérives et que le parquet de Bastia refuserait obstinément qu'il soit entendu. J'évoque donc ces faits au conseil d'administration d'Anticor, et nous décidons de suivre cette affaire de plus près.

L'arrivée, quelques semaines plus tard, de Nicolas Bessone au poste de procureur de la République à Bastia débloque heureusement la situation. Très attentif à notre démarche, ce magistrat ne s'est pas inquiété des éventuelles pressions du pouvoir politique étant donné les personnalités mises en cause. Jusque-là le parquet voulait enterrer l'affaire, Bessone, lui, la remet au jour. Le législateur fait en général bien les choses. Encore faut-il que les hommes chargés d'appliquer la loi se montrent à la hauteur, et que le pouvoir politique s'interdise d'intervenir. C'est loin d'être toujours le cas en Corse.

Au terme de cette affaire, Paul Giacobbi, sous la présidence duquel s'était déroulée cette affaire, a été lourdement condamné[1]. C'est un homme intelligent, très cultivé, descendant d'une grande famille corse qui a compté dans la vie politique de l'île. Il est vraiment dommage pour lui, comme pour la Corse, qu'il se soit fourvoyé en accordant sa confiance à des voyous sans scrupule et sans réelle envergure[2].

J'observe, au passage, que si les différents préfets qui ont eu à connaître ces faits, et qui les ont objectivement couverts en n'exerçant pas le contrôle dont ils sont chargés, avaient mené leur travail, le détournement de fonds publics aurait été tué dans l'œuf et Paul Giacobbi serait peut-être encore président de l'exécutif de Corse.

Convaincu qu'il fallait mettre fin au clanisme en vigueur depuis des lustres et à un clientélisme destructeur, j'ai œuvré pour que le maire PRG de Bastia soit battu au profit d'une coalition conduite par les nationalistes[3]. Et je ne le regrette pas.

Le dégagisme aidant, c'est le nationaliste corse Gilles Simeoni qui a été élu à Bastia, et un peu plus tard à la tête de la collectivité territoriale de Corse. J'ai voté pour cette majorité nationaliste au pouvoir en Corse.

1. En avril 2019, Paul Giacobbi est définitivement condamné à trois ans de prison avec sursis, cinq ans d'inéligibilité, 25 000 euros d'amende pour le détournement de 480 000 euros de subventions destinés aux gîtes ruraux de Haute-Corse, la Cour de cassation ayant rejeté son pourvoi.

2. Dominique Domarchi, proche conseiller de Paul Giacobbi, est abattu en mars 2011 devant son domicile de Sant'Andrea di Cotone. Il venait, quelques jours auparavant, d'être mis en examen par le juge de la juridiction interrégionale spécialisée (Jirs), Charles Duchaine, pour son implication supposée dans un dossier de malversations financières touchant des marchés du conseil général de Haute-Corse. Selon une source autorisée, la victime s'apprêtait à faire des révélations.

3. Vincent Carlotti est le fondateur du club de réflexion La Gauche autonomiste, qu'il anime.

Je continue de la soutenir aujourd'hui. Je regrette cependant que ceux qui pendant quarante ans se sont montrés particulièrement pugnaces et inventifs dans l'opposition soient en train de s'enliser dans un marigot gestionnaire pour lequel ils ne sont visiblement pas armés.

En matière de transports maritimes, par exemple. Au lieu de remettre complètement à plat la politique dont ils avaient hérité, ils se sont contentés d'agir à la marge et d'apporter quelques corrections cosmétiques. La promesse de la création d'une Compagnie régionale de transport maritime en coopération avec les opérateurs existants est aujourd'hui plus que compromise. La situation se complique avec Bruxelles, et les contentieux se multiplient et se complexifient.

En même temps, le consortium[1] prospère et se développe rapidement, dans des proportions qui ont fini par inquiéter Bercy. Pour la petite histoire, Rocca avait bâti pour reprendre la SNCM un business plan ultra-optimiste, étant donné qu'il comptait rafler la totalité de la subvention de l'État pour la desserte maritime de l'île. Il était fondé à l'espérer, sa compagne étant élue à l'assemblée de Corse sur la liste Giacobbi, alors tout-puissant.

Giacobbi battu, Rocca comprend que son plan ne tiendra pas la route. Il refile donc le bébé au consortium et l'intègre.

Bruno Le Maire, ministre de l'Économie, a donc pris l'initiative de mandater une mission de la direction

1. Voir introduction.

compétente de son ministère en Corse pour s'assurer qu'il n'y avait pas, dans le domaine du transport et de la grande distribution, comme dans le domaine de la distribution de carburant, de position dominante de nature à altérer les termes de la concurrence.

C'est une bonne chose, et j'attends avec intérêt le rapport qui devrait être publié en octobre 2020, les conclusions que les autorités locales en tireront, et les suites que les élus corses donneront à ce rapport. Très franchement, je regrette qu'il ait fallu attendre que l'État s'en préoccupe.

Quelques mois auparavant, Gilles Simeoni et Jean-Christophe Angelini[1] s'étaient affichés lors de l'inauguration de l'Atrium, un énorme centre commercial, aux côtés des membres les plus importants du consortium. Un très mauvais signal donné à l'opinion et, à mon sens, une faute politique. Même si on y a chanté l'hymne Corse, le *Salve Regina* !

Les élus de l'assemblée de Corse se sont à juste titre émus du monopole de la société Vito sur la distribution d'essence. Il est plus que regrettable qu'ils ne se soient pas intéressés avec autant de pugnacité à la concentration qui se dessinait dans les secteurs du transport maritime, du transport terrestre de marchandises, de la grande distribution, et du transport de déchets.

On peut, bien entendu, se réjouir que le siège social de la compagnie qui a succédé à la SNCM ait été

1. Leader du PNC (Partitu di A Nazione Corsa), l'autre composante de la coalition autonomiste, et maire de Porto-Vecchio.

transféré de Marseille à Ajaccio, et que des insulaires contrôlent la nouvelle compagnie.

Mais on ne peut pas rester sans réaction devant la puissance d'un groupe d'entrepreneurs, fussent-ils corses, dont l'influence ne se cantonnera sûrement pas au périmètre déjà considérable qu'il occupe aujourd'hui. D'autant qu'il contrôle aussi le seul quotidien régional, *Corse-Matin*, et s'intéresse, dit-on, à la compagnie aérienne régionale.

Le colonialisme intérieur, dès lors qu'il est exercé par des Corses, n'est pas moins nuisible que celui exercé de l'extérieur par des non-Corses. Il est au contraire, pour moi, encore plus dangereux. L'inquiétante montée en puissance du groupe mafieux du Petit Bar, de plus en plus influent, m'incite à penser qu'il ne tardera pas à s'intéresser à la question, si ce n'est déjà en cours, l'un des plus importants membres du consortium y comptant des amis[1].

L'importance de la commande publique en Corse exige que l'on soit particulièrement vigilant dans la manière dont se déroulent les appels d'offres dans un milieu confiné comme le nôtre. J'ai la conviction, assise sur l'expérience, que lorsqu'un marché important arrive devant une collectivité importante, les carottes sont

1. Il est fait référence ici à Antony Perrino, qui prospère dans le secteur de l'immobilier, particulièrement dans le secteur d'Ajaccio et sur l'île de Cavallo. Nous y reviendrons plus loin. La justice s'intéresse aux liens privilégiés du promoteur avec l'équipe du Petit Bar, notamment son numéro 2, Pascal Porri, à la disposition duquel il met un appartement somptueux sur la route des Sanguinaires pour un loyer dérisoire. Le tribunal d'Ajaccio le condamne pour ces faits à 15000 euros d'amende. L'affaire est en appel.

cuites, et la décision formelle, déjà acquise. Deux faits patents, entre autres, me permettent de l'affirmer.

Le premier, lorsque j'étais maire d'Aleria, à l'occasion du lancement d'un marché, modeste, pour un chemin communal. Dès sa publication dans la presse, je reçois un appel du président de la chambre de commerce. Cet important entrepreneur du BTP, ami de mon père, m'explique tranquillement qu'un certain nombre de ses collègues, dans l'intention de favoriser un petit entrepreneur, ont pris leurs dispositions pour qu'il obtienne ce marché à Aleria. Je le remercie poliment pour l'information. Quelques jours plus tard, j'explique au conseil municipal que, sans subvention, nous devons annuler le marché. Un pieux mensonge.

Quelques jours plus tard, nouveau coup de fil du même président, qui me demande pourquoi j'ai annulé le marché. Je lui explique alors qu'ici à Aleria c'est moi qui décide, et pas lui ! « Toi alors ! » s'est-il contenté de répliquer. Et nous en sommes restés là.

J'ai vécu le même scénario avec une grosse entreprise bastiaise que j'avais assistée dans le cadre d'Anticor. Son dirigeant m'explique en s'étranglant qu'il a claqué la porte d'une réunion de professionnels du BTP qui s'apprêtaient à mettre au point un dispositif destiné à assurer une meilleure répartition des marchés publics en amont des consultations, un peu comme me l'avait exposé naïvement plus tôt le président de la CCI.

J'ai conseillé à cet entrepreneur de se rapprocher du procureur de la République et j'ai arrangé un rendez-vous. Ce dernier a malheureusement quitté la Corse peu de temps après.

On ne peut pas parler sérieusement de développement dans notre île, alors que des pressions mafieuses, d'une part, et des comportements déviants comme ceux que je viens d'évoquer, d'autre part, le rendent illusoire. Quel investisseur sérieux accepterait de confier son épargne dans ces conditions ? Nous traversons en effet une crise sanitaire, économique et sociale d'ampleur inégalée.

Le collectif A Maffia No a écrit à l'automne 2019 aux ministres de l'Intérieur et de la Justice du gouvernement d'Édouard Philippe pour les alerter sur la nécessité d'être attentifs à ce qui va se passer dans les tribunaux de commerce[1]. Nous n'avons, pour l'heure, reçu aucune réponse.

Comment protéger une entreprise au bord de la faillite, notamment en raison de la crise de la Covid, lorsque son dirigeant, pris à la gorge, se trouve face à des gens qui viennent lui proposer de l'argent bien blanchi, pour prendre par la suite le contrôle de la structure ? Comment peut-on accepter que l'État demeure indifférent à ces pratiques pourtant bien connues des mafias ?

J'ai été conseiller général, vice-président chargé des finances de la première assemblée de Corse, maire d'Aleria et l'un des dirigeants du PS en Corse. J'avais des ambitions pour mon île et je me suis battu, sans succès, pour les atteindre. Un jour que je participais à une émission à la radio, l'animateur m'a demandé pourquoi je n'avais pas eu la carrière à laquelle j'aurais pu, selon

1. Il s'agissait à l'époque de Nicole Belloubet.

lui, prétendre. Parce que, lui ai-je répondu, je souffre d'une maladie congénitale que votre question m'oblige à révéler aujourd'hui. Interloqué, il me prie de n'en rien faire, mais je poursuis : je suis né avec la colonne vertébrale bloquée, et de ce fait je ne puis ni ramper, ni faire de courbettes. Il a beaucoup ri, et moi aussi.

Quand on entre en politique, il faut savoir choisir entre la carrière qui vous est promise et les principes qui vous animent, ces fameux principes dont on dit qu'ils sont comme les baïonnettes, qu'on peut tout faire avec, sauf s'asseoir dessus !

Ces valeurs de probité ont motivé mon engagement dans l'association anticorruption Anticor. J'avais auparavant été l'objet d'une tentative de corruption assez originale, dans la mesure où le corrupteur, une entreprise parisienne, n'avait même pas pris la précaution de s'assurer que j'étais corruptible avant de me proposer un deal ! J'ai ainsi découvert que, contrairement à ce que je pensais, la corruption était plus répandue que je l'imaginais. Et pas seulement en Corse.

Regardons les choses en face. Aujourd'hui s'implantent dans chacune de nos microrégions de petites équipes de voyous attirées par de gros intérêts, pendant que deux groupes mafieux dans le nord comme dans le sud de l'île étendent leur emprise sur des secteurs économiques ou des territoires.

Comment renverser la tendance quand l'État est aux abonnés absents ? La population est résignée, et la résignation se transforme parfois en une forme de complaisance désespérée. Comment souhaiter un changement alors que nos élus ne considèrent pas la lutte contre la dérive mafieuse comme une priorité ? que beaucoup trop d'entre eux font l'autruche et sont encore dans le déni ? que la porosité entre une partie de la classe politique et le milieu est manifeste ?

En l'absence de directives pénales claires, d'une vraie impulsion politique, nationale et locale, les magistrats n'agiront pas de leur propre initiative. Je crains que nous ayons atteint en Corse le point de non-retour.

Malgré tout, les adhésions au collectif A Maffia No continuent, et, si le coronavirus nous interdit de poursuivre nos réunions publiques dans toutes les microrégions, les encouragements nous parviennent régulièrement.

Depuis quelques années, je partage ma vie entre la Corse, l'Isère et le Brésil, et je passe moins de temps dans l'île. Je dois avouer que parfois le découragement et la colère me gagnent devant l'inaction des responsables, qu'ils soient locaux ou nationaux. Mais, comme Stéphane Hessel, je suis un indigné, et l'indignation, c'est exactement le contraire de la résignation !

Je continuerai donc à me battre, au sein d'un collectif soudé, jusqu'à ce que nous ayons obtenu satisfaction sur les points suivants :

— L'inscription dans le Code pénal du délit d'association mafieuse, qui permettra à la police et à la magistrature d'élargir le champ de leurs investigations ; et de considérer notamment les actions d'intimidation comme criminelles, ce que ne permet pas l'actuel délit d'association de malfaiteurs invoqué habituellement.

— La nomination d'une commission d'enquête parlementaire sur la dérive mafieuse qui se développe et gangrène la Corse. Elle permettra à la représentation nationale d'enquêter avec des moyens importants et d'auditionner largement et sous serment tous les acteurs économiques et politiques.

— La dévolution à des associations citoyennes des fonds issus des biens saisis sur les mafieux, pour qu'ils soient affectés à des opérations destinées à soutenir les plus nécessiteux d'entre nous, car le crime ne doit plus payer, et la population doit le mesurer clairement.

2

David Brugioni : « Ma fille est suivie de nuit »

L'ancien maire de Centuri s'est battu durant des années pour que la légalité retrouve droit de cité dans cette commune du cap. Un combat harassant et dangereux contre la mafia.

Je suis originaire de Centuri. Ma mère est une fille du village, mon père, lui, est un Italien. Je me suis marié moi aussi avec une Centuraise. Notre ancrage dans cette commune du cap commence par l'installation sur ma propriété d'une paillote en 1996 puis, en 2004, avec une première structure en dur. Durant toutes ces années, je n'habitais pas sur place.

Le conflit éclate en 2004 avec le maire, Joseph Micheli, qui est un personnage central de mon histoire. Je constate un blocage suspect de mon permis de construire, retardé par une série de demandes complémentaires de renseignements un peu farfelues. Disons-le clairement, le maire ne voulait pas que je m'installe et ce, pour une raison inavouée : les liens de l'un de mes proches avec une personne « ennemie » du clan.

Mon parcours politique à Centuri débute en 2008 avec l'opportunité de rentrer sur une liste d'opposition.

Je me retrouve en 11e position et aucun n'est élu. J'en suis déçu.

En 2009, nous déposons un nouveau permis de construire et je me trouve à nouveau confronté à des difficultés, des blocages. Mais là je ne lâche pas. J'obtiens finalement mon permis grâce à l'intervention d'un avocat. Tous ces déboires m'incitent à me pencher sur le fonctionnement de la commune. C'est une succession de révélations. Je constate notamment qu'un terrain communal est vendu à une société qui appartient au neveu du maire : la société civile immobilière (SCI) appartient à Marc Micheli, fils du maire d'Ersa, Thomas Micheli, une commune proche; je cherche à comprendre, à rassembler les pièces du puzzle. Et je suis étonné que la SCI revende ce terrain avec un projet immobilier et des logements.

Passons aux élections législatives de 2012. Un week-end est dédié à la visite des candidats de la circonscription. Les premiers jours, Joseph Micheli est absent. Nous recevons le candidat communiste, le candidat UMP, etc.

Le dernier candidat, c'est Gilles Simeoni, alors figure montante du nationalisme, accompagné de son suppléant, très proche à l'époque, Jean-Baptiste Arena. Micheli est cette fois-ci présent. J'interpelle Simeoni sur la situation de la commune et les graves infractions que j'ai constatées. Une très violente joute verbale s'engage avec mon adversaire. J'ai le souvenir de Jean-Baptiste Arena s'approchant de moi en m'expliquant que personne n'a jamais osé attaquer ainsi Micheli de front. Et pourtant moi, je l'ai fait. Il fallait, malgré le risque, rendre ces faits publics.

La réunion terminée, Micheli me cherche dans tout le village. On se rencontre sur la route près de l'école. Il est menaçant : « Ce que tu m'as fait, ce n'est pas bien, je vais te le faire payer parce que tu ne connais pas mes amis, Charles Pieri et Angelo Guazzelli[1]. »

Depuis 2012, nous avons franchi un cap dans la tension. En septembre 2013, je monte une liste de cinq personnes en vue des élections de mars 2014. Nous serons élus dans un climat délétère. Nous subissions des défections de dernière minute. Trois membres de la liste sont finalement élus et deux ne passent pas, à quelques voix. Je ne dois mon élection qu'aux dissidents qui ont compris comment fonctionnait le maire sortant. Je détiens en outre un atout maître, un document qui montre un endettement de la commune à hauteur d'un million d'euros.

Un million d'euros pour un budget qui tourne autour de cinq cent mille, c'est énorme. L'élection est tendue, avec des menaces, on note la présence de gens armés. Nous déposons plainte. Et je suis élu, disons-le, un peu à la surprise générale.

Dès le début de mon mandat, nous avons de gros accrochages avec Micheli et ses troupes. Le samedi de

1. Jean-Angelo Guazzelli est considéré comme l'un des piliers de la Brise de mer. Il sera condamné en 2013 à trois ans de prison dont deux ferme dans l'affaire du cercle Wagram à Paris. Son frère Francis, l'un des membres fondateurs de l'organisation, est assassiné en 2009. La justice soupçonne aujourd'hui ses deux fils, actuellement incarcérés, d'avoir voulu venger leur père par un double assassinat commis en décembre 2017 à l'aéroport de Bastia.

l'élection, le sortant refuse de me remettre les clés de la mairie. Finalement je les obtiens de haute lutte le lundi. La secrétaire de mairie, terrorisée, m'informe qu'elle ne peut me donner aucun document, ni sur les marchés, ni sur le fonctionnement du conseil municipal. En effet ces documents ne se trouvent pas dans les locaux. Les détails de plusieurs marchés publics me seront remis par un tiers quelques jours plus tard.

Antony Hottier, un ami par ailleurs maire de Barrettali, me conseille de me rapprocher de la préfecture pour informer les autorités de ce qui se passe à Centuri. Rendez-vous est donc pris avec le préfet. Entre-temps, j'ai déposé une plainte instruite par les gendarmes.

Micheli annonce simultanément qu'il va intenter un recours contre mon élection. Sans attendre, je contre-attaque : je me rends à la préfecture avec la secrétaire, qui porte sous le bras le registre des délibérations de la commune. Il est vierge sur la période 2011 à 2014. De 2008 à 2011, on note quelques délibérations signées et d'autres sans signature, ce qui est totalement illégal. À mon arrivée, le préfet et le secrétaire général sont fort embarrassés. Ils me conseillent de prendre un avocat et de procéder à un signalement au procureur sur le fondement de l'article 40[1].

Une longue enquête débute. La section de recherches de la gendarmerie est saisie conjointement avec la

1. Toute autorité constituée, officier public ou fonctionnaire qui prend connaissance dans l'exercice de ses fonctions d'un crime ou d'un délit est tenu d'en aviser le procureur de la République et de fournir les documents relatifs aux infractions constatées.

brigade financière de la police judiciaire. Une perquisition est opérée chez Micheli en 2015. Les gendarmes découvrent qu'il existait de fait une mairie annexe, une mairie secrète. Les enquêteurs m'informent de l'existence d'une seconde secrétaire, conseillère municipale à Ersa. Les gendarmes révèlent au cours des perquisitions un système de facturation occulte des marchés publics[1].

La section de recherches me demande une journée pour nous entendre, la secrétaire de mairie, l'employé municipal et moi-même. Plus de 200 factures présentent des anomalies. Certaines factures sont au nom de Cap Corse Bâtiments, la société de travaux publics qui appartient à Joseph Micheli. D'autres documents concernent la société d'installation de caméras gérée par son fils. Plusieurs factures se rapportent à une même prestation ainsi qu'à des délibérations pour des ventes de terrains communaux à des proches.

Le problème, c'est que Micheli n'est pas poursuivi pour ces fausses facturations, mais seulement pour favoritisme, prise illégale d'intérêts et détournement de fonds publics, dcs infractions au Code des marchés publics[2].

Nous décidons de porter plainte avec constitution de partie civile pour les autres infractions, ce qui provoquera sa mise en examen trois ans plus tard pour « faux en écritures publiques » et « usage de faux ». Ces faux concernent les ventes de terrains communaux et plusieurs marchés de la commune.

---

1. Malgré ces soupçons, Micheli obtient l'annulation des élections. En juillet 2014, un nouveau scrutin est organisé et, à son grand dam, je suis réélu.

2. Joseph Micheli est condamné le 11 avril 2017 à deux ans de prison avec sursis, deux ans d'inéligibilité et 10000 euros d'amende.

À partir de juin 2017, date du dépôt de ma plainte, les choses se compliquent pour moi. Entre le 10 et le 11 septembre 2017, des traces de balles sont relevées sur la façade de ma maison. En août 2018 intervient l'affaire des tirs sur les caméras de surveillance de la mairie. Quatre sont détruites par des tirs d'arme de chasse. Le tireur visible sur la vidéo est masqué. Il apparaît vêtu d'un treillis.

Les plaintes se succèdent, car ma fille est suivie de nuit par une Renault Clio qui la prend en chasse à Porticiollo tous feux éteints. Arrivé à Maccinaggio, le conducteur lance un appel de phares, comme un message, puis disparaît. Une autre fois, c'est une moto, puis un autre véhicule loué chez Hertz.

Les relations de Micheli avec Charles Pieri sont flagrantes à travers l'affaire des éoliennes en 2005. Des interpellations sont diligentées à l'époque sur commission rogatoire du juge Philippe Courroye. Deux fermes éoliennes sont construites en 2000 à Ersa et à Rogliano sur des fonds financés en partie par des aides européennes. L'enquête établit que 10 millions de francs ont été détournés au profit du FLNC-Union des combattants. Les sommes sont versées en espèces. Un rapport de la brigade financière établit que Micheli joue un rôle prépondérant dans le système de surfacturation, à travers Cap Corse Bâtiment[1]. Ils ont découvert 150000 euros sous son matelas. Pieri a fait le forcing pour que Micheli soit élu en 2002. On comprend mieux pourquoi.

1. *Le Monde* du 23 juillet 2005, « Une enquête sur l'installation d'éoliennes met au jour un financement occulte du FLNC », Fabrice Lhomme.

Quatorze ans plus tard, des gens venus de l'extérieur font des pressions sur les élections. Comment ne pas y voir l'ombre de Pieri ? J'ai le souvenir d'une personne qui pénètre dans le bureau électoral et sort une arme de poing sur le ton de la rigolade. Ma belle-mère, qui est présente, se met à crier. Nous alertons les gendarmes, qui ne viendront jamais...

Le plan local d'urbanisme (PLU) voté en 2008 a été un gros dossier. Nous récupérons copie d'un fax, un document officiel de la préfecture qui demande le retrait de la délibération validant le PLU. Le document relève quatre secteurs qui portent atteinte à l'environnement. Je constate par la suite une vigilance accrue de la direction départementale des territoires et de la mer (DDTM). Tous les permis accordés par mon prédécesseur sont systématiquement refusés. Les administrés m'imputent des refus qui ne sont pas de mon fait.

Le préfet me sollicite pour venir le rencontrer en préfecture, où des agents de la DDTM sont présents. Nous nous apercevons que des secteurs sont ouverts à la construction sans la présence des réseaux, pourtant obligatoires, d'eau, EDF, dc téléphone, etc.

Je note plus tard, avec l'aide d'une association, que ce document et la délibération qui valide le PLU en 2010 ne portent aucune marque de modifications sur les zones concernées. C'est un risque sérieux pour les finances de la commune, car il convient désormais d'amener les réseaux à nos frais sur les zones rendues constructibles par ce PLU vicié.

Tout un système d'enrichissement tourne autour du document d'urbanisme. Nous alertons le procureur. Nous dénonçons. Les gendarmes confirment. Vous achetez un terrain à 1 euro avant le PLU et vous le vendez à 100 avec la modification. C'est une très bonne affaire. L'adoption du Padduc[1] nous a sauvés, car le document validé par l'assemblée de Corse applique strictement la loi littoral ce qui restreint la constructibilité.

Mais mes déboires ne s'arrêtent pas là. Nous découvrons quelques cadavres dans la comptabilité. Le centre de gestion de la fonction publique nous réclame 166000 euros pour le salaire d'une fonctionnaire de cadre A dont le poste aurait été supprimé par mon prédécesseur. Je négocie un étalement sur dix ans. La commune est passée bien près de la liquidation judiciaire.

Le contrôle de légalité a manqué de vigilance. Pourquoi l'État, en l'occurrence la préfecture, ne vient-elle pas communiquer pour informer la population qu'à Centuri le PLU est illégal ? En six ans de mandat j'ai rencontré beaucoup d'élus qui m'ont dit : « N'espère rien de l'État. » Quand on rencontre un préfet, il dit : « On vous soutient », mais en fait il ne se passe jamais rien de concret sur le terrain. Qui peut faire respecter les lois de l'urbanisme, sinon l'État ? On peut s'interroger sur une forme de complicité en échange de la paix sociale.

Quand on discute avec les autres élus, on découvre qu'il y a des systèmes de permis tacites[2]. L'Administration laisse traîner les délais et je reçois le

1. Le plan d'aménagement et de développement durable de la Corse est un plan destiné à cadrer l'aménagement du territoire sur l'île.

2. Le permis de construire est réputé tacite quand le demandeur n'a reçu aucune réponse de l'Administration au bout de deux mois. Il peut ainsi obtenir un certificat de non-opposition et débuter ses travaux.

document vingt-quatre heures avant le délai de prescription. Cette complicité est due à un manque de moyens. J'ai signalé cinq cas litigieux sur la commune de Centuri.

Je réclame dans l'un des dossiers un arrêté interruptif de travaux. Nous avons rédigé sept procès-verbaux d'infractions et à ce jour rien ne se passe. On soupçonne une complicité entre certains fonctionnaires et des élus. Nous avons des associations qui se battent sur le terrain, mais c'est usant. Le Padduc est un frein à cette spéculation immobilière effrénée. C'est aussi un gilet pare-balles pour les élus intègres.

Je considère que l'arrivée des nationalistes a eu un effet inverse à celui espéré. La spéculation immobilière a explosé. L'État a laissé pourrir la situation à un niveau jamais vu. Les devoirs régaliens n'ont pas été remplis.

En Corse nous n'appliquons pas les lois, comme par exemple la loi littoral, mais cela n'a rien à voir avec les nationalistes. À Centuri et dans les communes voisines, Ersa, Morsiglia, vous avez 17 entreprises qui tournent autour du BTP. C'est donc très compliqué de ralentir le secteur de la construction.

Le problème de Centuri a été l'absence de contrôle. À un certain moment, des bandes organisées mettent en place un système autour de la vente de terrains, l'obtention de permis de construire et l'obtention de marchés publics. L'objectif prioritaire est l'accaparement des marchés publics, l'accaparement du domaine public.

Je ne suis pas un spécialiste de la mafia, mais j'ai compris ce qui se passe. Si vous ne développez pas, si vous n'allez pas fouiner dans les marchés publics, où allez-vous détourner de l'argent et le blanchir ? Je prends l'exemple de ma prise de fonctions en 2014. Je constate qu'une société détient tous les marchés publics – elle a été liquidée depuis. Si un concurrent « non agréé » cherche à s'installer dans la zone, on le lui fait comprendre dans un premier temps, puis on passe à l'acte s'il le faut. À l'époque, 95 % des marchés du cap Corse étaient raflés par une seule société qui aujourd'hui a été remplacée par une autre à nouveau en situation de monopole.

Pour les gros marchés, une seule entreprise soumissionne. J'interroge bêtement d'autres PME qui travaillent sur le cap Corse. Pourquoi ne se manifestent-elles pas sur les appels d'offres ? « Nous avons trop de travail », me répond-on avec une certaine gêne. Pour donner une idée du climat, à Sisco, une entreprise de BTP a vu ses engins de chantier brûler, puis ses locaux. C'est sans commentaire.

La visite du président Macron en Corse en février 2018 a été un moment fort. Dominique Yvon, le responsable d'Anticor, m'explique que j'ai la possibilité de l'interpeller publiquement sur le cas de Centuri. Je suis présent à son arrivée à Ajaccio, mais je constate qu'on me maintient à l'écart. Le contact est impossible.

Une autre opportunité se présente à Cozzano. Beaucoup d'élus sont présents dans la salle. Me voilà confronté à une autre difficulté : je ne parviens pas à m'emparer du micro. Jacqueline Gourault[1], la « madame Corse » du gouvernement, semble volontairement

1. Ministre de la Cohésion des territoires et des Relations avec le Parlement.

m'ignorer malgré mes grands gestes. Un élu intervient et me glisse le micro. J'enfile alors mon écharpe tricolore, ce que je n'avais plus fait depuis les tirs sur ma maison, en signe de protestation et me livre à un discours offensif sur la situation des élus en Corse face à la pression mafieuse. Je formule aussi le constat que je suis l'un des rares à demander l'application des lois, surtout en matière d'urbanisme.

Emmanuel Macron est attentif à mon appel à l'aide, me propose d'échanger en aparté après le débat. Malheureusement le président est aspiré par la presse, nous ne pouvons converser. Mon portable sonne peu de temps après. Au bout du fil, le secrétaire général de l'Élysée me propose un rendez-vous téléphonique avec le directeur de cabinet Patrick Strzoda, par ailleurs ancien préfet de la Région Corse.

Je suis reçu à l'Élysée quelques jours plus tard accompagné de l'avocat de la commune. Mon discours est invariable : j'attends que les règles républicaines de droit s'appliquent à Centuri. Face à moi, Patrick Strzoda semble gêné. Je lui remets par ailleurs une clé USB que M. Yvon m'a demandé de transmettre sur la fraude aux primes agricoles : son embarras est tout aussi visible même s'il m'assure que mes observations seront prises en compte.

Je constate que du ménage s'opère à Bastia après cette rencontre. La présidente de la chambre de l'instruction de la cour d'appel de Bastia est virée[1] et le

1. Rose-May Spazzola a été successivement suspendue, puis mutée avec rétrogradation à la suite de deux décisions du Conseil supérieur de la magistrature de juillet 2019 et juillet 2020. La magistrate est ainsi sanc-

préfet muté. Mais on s'aperçoit que ça ne va pas assez loin. Je pense avoir fait le job et tout cela est en train de « faire pschitt ». L'État est très ambigu en Corse.

J'aurai tout de même une satisfaction malgré mon injuste défaite aux élections municipales de juin 2020 compte tenu de mon engagement auprès de mes administrés, celle de voir l'annulation pour fraude de l'élection du conseiller Joseph Micheli, ce qui laisse la porte ouverte à l'entrée d'un membre de ma liste au sein du conseil municipal. Ce ne serait que justice.

---

tionnée pour avoir échangé en un an 1 230 SMS et appels téléphoniques avec l'ex-président du conseil général de Haute-Corse, François Orlandi, par ailleurs témoin assisté dans l'affaire dite « des emplois fictifs » qui implique Paul Giacobbi. L'affaire Spazzola est par ailleurs l'objet d'une information judiciaire pour « violation du secret de l'instruction ».

3

Séverin Medori : « La vache avait une balle dans la tête »

Maire de Linguizzetta, sur la plaine orientale, et éleveur, Séverin Medori alerte sur sa situation en avril 2015. Il devient un symbole de résistance à la mafia. Huit de ses vaches sont tuées après qu'il a reçu une avalanche de SMS menaçants.

Je deviens maire un peu à la surprise générale en 2008. À l'époque, le secteur de Linguizzetta bascule vers le tout béton sur un littoral long de plus de 12 kilomètres. Élu pour tenter de stopper cette dérive, je marque ma prise de fonctions en bloquant la construction d'un lotissement en bord de mer avec création d'un golf, dans le prolongement des marines de Bravons. Un premier rebondissement intervient avec l'annulation de mon élection, en 2009. Je suis élu avec seulement deux voix d'avance, le conseil d'État annule sept voix, mais n'exige pas en revanche de repartir aux urnes. Je décide de ne pas démissionner, mais je suis contraint de négocier avec l'opposition, ne disposant plus de la majorité au conseil municipal. Nous sommes deux élus de ma liste et treize de la liste battue, dont l'ancien maire.

Une forme de cohabitation commence. Pour me contrer, mes opposants désignent mon adversaire, Simone Riolacci, comme premier adjoint. Cette chargée de communication à l'Inra, fonctionnaire d'État, est le premier personnage clé de mon histoire. Le début de la cohabitation fut délicat, tendu. Puis durant trois ans les relations se normalisent.

En mai 2013, pourtant, la situation se dégrade[1]. Les rapports changent du tout au tout avec ma première adjointe. Nous avions décidé de faire liste commune, mais je choisis désormais de l'écarter en janvier 2014. Déjà quelques pressions se faisaient jour pour me contraindre à faire liste commune. Le simple fait de cette rupture déclenche de plus en plus de tensions. Des « messagers » me laissent clairement entendre que si je ne la conserve pas sur ma liste, les choses vont mal tourner. Je commence à recevoir des textos fort menaçants, dont j'apprendrai plus tard qu'ils auraient été envoyés de prison par Jean-François Servetto, son compagnon.

Parmi eux, celui reçu le 26 janvier, que je vous livre avec son orthographe d'origine : « Salut une pensée

1. François Masini est assassiné le 31 mai 2013 sur la route qui relie San Nicolao à Moriani. Trois mois plus tard, un commando de quatre hommes venus venger cet assassinat tombe dans une embuscade au col de Silvareccio. Deux des membres sont tués sur le coup, un autre quelques jours plus tard des suites de ses blessures. Seul Jean-François Servetto, époux de la première adjointe de Linguizzetta, survit dans l'un des épisodes les plus marquants de la guerre qui oppose les nationalistes au clan de la Brise de mer sur la plaine orientale. Au cœur du conflit, le contrôle de l'immobilier, des bars et des machines à sous. En octobre 2020, un commando du FLNC vient apporter son soutien aux obsèques de Stéphane Leca, assassiné quelques jours plus tôt. Des hommes cagoulés tirent une salve en l'air.

particulière… la vie est longue et plaine d'embûche. Je souris et t'adresse mes vœux de courage.» Puis d'autres suivent : «Tu es dans mon cœur, tu verras ce qu'est d'avoir peur.» «Passe une bonne nuit Juda.» «Salut morte couille achète du Malox, ça ne fait que commencer personne ne peut plus rien pour toi[1] », etc.

Le climat est tellement lourd que je finis par déposer plainte contre X le 28 février. Pour l'instant je me refuse à médiatiser, je ne souhaite pas polluer la campagne avec cette affaire. Mon intention est aussi de calmer la situation. Les pressions se manifestent par des coups de fil anonymes et par ces textos menaçants.

Je subis également des pressions venues de gens qui sont étrangers à la commune. Je reçois la visite à mon domicile de membres du grand banditisme qui m'enjoignent de reprendre sur ma liste Mme Riolacci. Je refuse.

L'intensité monte d'un cran. Je ressens en même temps une frilosité, une ambiguïté du côté de l'État, qui se traduit par une aide administrative assez étonnante apportée à mon opposante. C'est l'escalade. Huit de mes vaches seront abattues sur une période d'un an. Les deux premières ont été tuées pendant la campagne de 2014 et les autres durant l'hiver 2014-2015. L'une a été tuée le 27 janvier, soit le lendemain du fameux texto du 26. Je m'avance et je vois la clôture arrachée et la vache par terre avec une balle dans la tête. Je prends une photo, puis me rends chez les gendarmes, et décide de porter plainte lors de la mort de la deuxième vache.

1. Le florilège de ces textos est publié pour la première fois dans Hélène Constanty, *Corse, l'étreinte mafieuse*, Paris, Fayard, 2017.

Je n'ai pas voulu médiatiser dans le contexte des élections. J'ai simplement appelé l'équarrisseur. Nous étions, ma femme et moi, je dois le dire, fort tendus.

Le résultat des élections de 2014 m'est cependant très favorable. Riolacci ne récolte que 16 % des voix. Une véritable humiliation. Simultanément, Linguizzetta a été écarté de la communauté de communes, et c'est complètement irrationnel. Nous sommes exclus alors que nous représentons 77 % des recettes de la taxe de séjour sur le territoire de l'intercommunalité.

Mme Riolacci, balayée par le suffrage universel, est alors repêchée par ses amis de la communauté de communes. Une association fantôme créée en juin 2014, après l'élection donc, sert de relais pour l'amener à présider l'office de tourisme.

Débute un autre bras de fer, avec l'État cette fois-ci : je demande de l'aide sur ce que je crois être un faux en écriture publique. Il s'agit d'une délibération importante en lien avec l'office de tourisme ; je n'aurai aucune aide des préfets et sous-préfets successifs, qui ne répondront même pas à mes courriers recommandés avec accusé de réception.

Dès le moment où j'ai porté plainte contre X, en février 2014, l'attitude de l'État a changé. J'en ignore la raison. Mais ça me fait sourire quand j'entends dire dans de grandes envolées lyriques que l'État protège les élus menacés et qu'il les encourage à porter plainte. Foutaise !!!

Tout au long de cette histoire douloureuse, j'ai subi des pressions, j'en ai souffert. Mais cette absence de soutien de l'État est une brûlure encore plus vive. Cette brûlure ne s'est jamais apaisée. Le comportement du préfet et des sous-préfets successifs a creusé une blessure qui ne guérit pas. Elle alimente une suspicion envers les autorités auxquelles je reproche de ne pas avoir fait leur boulot. Leur rôle était de faire du droit, de me protéger aussi.

Si des réseaux interlopes sentent qu'ils ont l'État derrière eux ou qu'ils bénéficient pour le moins d'un laxisme bienveillant, ils se sentent forts. Posez-leur des limites, ils ne les franchiront pas. L'ambiguïté de l'État maintient les populations sous une emprise psychologique si forte qu'elles ne se rebellent plus. Telle est aujourd'hui la réalité de la Corse.

Ma défiance envers l'autorité publique ne s'est jamais apaisée, alors que j'entretiens paradoxalement de bonnes relations avec les préfets et sous-préfets actuels, bien qu'ils ne répondent toujours pas à mes courriers sur ce point précis. Ils m'aident en revanche sur tous les autres dossiers. La communauté de communes demeure un sujet tabou. Allez savoir pourquoi...

Remarquons ici que la création de l'office de tourisme de l'intercommunalité permet la captation de l'argent. Cette création, je le répète, est basée, et je le pense sincèrement, sur un faux en écriture publique. Je note que l'État en Corse n'a jamais voulu me répondre malgré un courrier de Cazeneuve qui demandait aux autorités d'intervenir.

Pour revenir à ma situation à Linguizzetta, elle se tend de plus en plus. Jean-François Servetto m'envoie des SMS alors qu'il est incarcéré. Des coups de feu sont tirés en pleine nuit au-dessus de ma maison.

Le fond du problème est la maîtrise du foncier. Le prix des terrains est assez abordable sur la plaine orientale, ce qui permet de réaliser aisément des plus-values. Prenons l'exemple de Porto-Vecchio, situé sur l'extrême Sud, seuls les riches peuvent y acheter des terrains. Ici, à Linguizzetta, de petits voyous rêvent de devenir grands. Ce sont les plus dangereux. Nous sommes au cœur de la zone la plus dépréciée de Corse, une zone encore vierge comme le secteur du cap ou la montagne. Tout est à faire.

Telle est mon analyse de la situation et des menaces que j'ai subies. Mais ce n'est qu'une interprétation. Les choses peuvent être encore plus simples. Les gens qui m'ont menacé voulaient simplement que Mme Riolacci soit maire à ma place. Ma victoire a été mal vécue.

Un tournant dans mon affaire se produit en avril 2015. J'accepte de témoigner dans les colonnes du *Monde*, ce qui fit beaucoup de bruit. Je me souviens encore de mes propos à la suite d'une question sur les assassinats de Jean Leccia[1] et Jacques Nacer[2] : «Notre île est une société malade, à la dérive, fascisante même, qui refuse d'admettre sa propre déliquescence[3].»

1. Le directeur général des services du conseil général de Haute-Corse est assassiné en mars 2014 à proximité d'Aleria. Son véhicule est doublé par un fourgon. Huit balles de calibre 222 sont tirées sur le véhicule de la victime qui termine sa course sur le bas-côté.

2. Le président de la chambre de commerce d'Ajaccio est assassiné en novembre 2012 dans sa boutique de la rue Fesch par un tueur casqué. Un mois plus tôt, l'ancien bâtonnier Antoine Sollacaro était tué selon le même mode opératoire. Bien que des soupçons mettent en cause l'équipe du Petit Bar, l'enquête sur le dossier Nacer est au point mort.

3. «Notre île est une société malade, fascisante», Jacques Follorou, *Le Monde*, 20 avril 2015.

Le but de mon témoignage est de dire que l'État parle beaucoup mais ne fait rien. Ce sont les mêmes bandes qui agissent sur toute la plaine orientale, de Ghisonaccia à Moriani. J'ai décidé d'agir et ce n'est pas sans conséquences. M. Servetto a été condamné à un an ferme pour les SMS menaçants. Il n'a pas fait appel[1].

Mais j'aimerais aller au-delà de la seule évocation de mon cas. La situation en Corse est globalement catastrophique. Nous nous dirigeons vers de vraies déconvenues, le pire est à venir. On demande bien des choses aux nationalistes, trop sans doute. Ce sont des Corses qui aiment la Corse. Ils ont créé un espoir. Ils l'ont peut-être déçu, mais la déception vient avant tout de la façon dont ils exercent le pouvoir. Est-ce qu'ils sont responsables de la violence ? Non, je ne le crois pas. Est-ce qu'ils ont tout fait pour empêcher la violence ? Je ne le pense pas non plus. Mais les accabler, en leur attribuant la responsabilité de la recrudescence de la violence mafieuse, c'est injuste.

Les nationalistes forment un mouvement comme un autre arrivé au pouvoir en raison de la déconsidération des clans traditionnels au pouvoir depuis des décennies. Ils sont en situation de réussite je dirais, sur certains sujets, et sur d'autres, comme l'affaire des déchets, beaucoup moins. Le problème est la continuation de la même histoire débutée voici plusieurs années.

Personnellement je ne suis pas « nationaliste ». Je suis de gauche tendance Cazeneuve, j'ai même repris ma

1. Cette peine est incluse dans les six ans ferme dont Jean-François Servetto écope pour association de malfaiteurs le 25 mai 2016.

carte au PS. Je suis pour l'autonomie, mais appliquée à toutes les régions de France, pas seulement la Corse. Je suis totalement girondin en somme.

Les nationalistes ne sont pas non plus un rempart contre la violence. La société corse est extrême dans sa façon de penser, qui fonctionne avec des éruptions émotionnelles, d'où une immaturité démocratique.

Je crains que l'on subisse un regain de violences ; je pense que la mentalité corse a progressé sur le rejet, tout en ne parvenant pas à s'imposer une bascule vertueuse. L'un des obstacles est la quasi-absence de société civile. L'embryon a cependant favorisé l'arrivée des nationalistes au pouvoir. Elle est à la fois juge et partie. Cette société civile est donc elle-même trop politisée.

Nous évoluons dans une société de proximité où tout le monde se connaît. Mais des coups de boutoir sont donnés. Le collectif de femmes contre les abus, pour la vie, m'impressionne[1]. J'ajoute que la parution de *Juges en Corse* a participé aussi à cette prise de conscience. Je pense que la mobilisation des jeunes femmes est un avènement important pour la société.

Ce sont des signes encourageants que nous avançons vers une société qui rejette les totems, les tabous, les non-dits. Nous sommes une société qui ne vit que de mythes, dont celui du respect de la femme. Ces jeunes

1. À l'été 2020, le collectif I Was Corsica se mobilise dans le sillage du mouvement #MeToo pour dénoncer les violences faites aux femmes. Trois cents témoignages de viols et d'agressions sexuelles concernant pour beaucoup des victimes alors mineures sont recueillis et 14 plaintes déposées au commissariat de Bastia. Une manifestation est organisée à Ajaccio. Elles utilisent le hashtag #Iwas. Voir chapitre 12 sur Anaïs Mattei.

filles qui ont été salies, humiliées, étouffées, se révoltent. Elles sont admirables. Le vrai courage est là. On sent que tout sort de leurs tripes. Elles sont plus courageuses que beaucoup de gens, l'impact est plus significatif que la création des deux collectifs antimafia[1]. Comme il était important que les juges parlent en leur temps. J'aurais pratiquement écrit les mêmes phrases qu'eux. La somme de tout cela va aider la Corse à devenir, je l'espère, une région, disons, « normale », avec ses particularités îliennes.

Je me suis rendu à Naples en 2019 pendant six jours à l'invitation de Fabrice Rizzoli[2]. Nous avons rencontré des personnes qui luttent contre la mafia à travers l'utilisation des biens confisqués à l'« Honorable Société » et j'ai fraternisé avec des gens de qualité. J'ai compris que la mafia, c'est l'intimidation au quotidien, c'est avant tout psychologique.

Ce que font ces citoyens est admirable. Je suis saisi par leur humanité. Mais face à eux la mafia est réactive, intelligente, performante. Les mafieux se sont fait confisquer trois domaines qui produisent de la mozzarella, transformés par des associations en mozzarella bio. Les mafieux ont compris que la mozzarella bio rapportait plus que la drogue, ils s'y sont lancés et remportent de gros succès.

Peut-on transposer en Corse ce modèle de biens confisqués et réattribués à des associations ? J'estime que c'est difficilement concevable compte tenu de la

1. Voir introduction.
2. Universitaire spécialiste des mafias italiennes, Fabrice Rizzoli est l'auteur de *La Mafia de A à Z*, Tim Buctu éditions, 2015.

proximité insulaire. Il demeure complexe de calquer un modèle venu de l'extérieur, la Corse étant un petit territoire. Je me montre certes favorable à une loi qui permet la confiscation des avoirs criminels en France. Mais ici, en Corse, nous sommes trop peu nombreux, trop proches les uns des autres. Nous sommes une société incestueuse. Je ne sais pas comment tout cela finira. Peut-être suis-je trop frileux. Mais en tout état de cause je défends cette loi dans son principe.

Une question se pose : comment une mafia aussi puissante a-t-elle pu s'installer dans une île aussi peu peuplée, avec une société aussi pyramidale ? Nous sommes une société archaïque, nous n'évoluons pas dans un espace démocratique. Nous vivons dans une île du Mezzogiorno marquée par le culte du chef. Mais notre société, si elle est pyramidale dans la hiérarchie des pouvoirs officiels, est en revanche horizontale dans la propagation des nouvelles. Il n'est donc nul besoin de mafia structurée comme en Sicile. Les ordres d'intimider, de racketter, d'acheter et parfois de tuer circulent vite et bien.

Le mouvement des jeunes filles de #Iwas à Bastia porte justement atteinte à cette mentalité machiste de la chefferie.

Je me suis par ailleurs félicité de l'arrivée des collectifs. L'assurance vie des mafias, ce sont les gens isolés. Quand on est isolés, on nous isole encore plus. Et dans mon cas, les représentants de l'État ont contribué à m'isoler davantage. Nous sommes en quelque sorte décrédibilisés et affaiblis par l'État, ce qui nous place encore plus en danger.

Cette nouvelle expression démocratique portée collectivement peut déboucher sur quelque chose. La parole isolée comme la mienne n'a qu'un intérêt temporaire. L'État ne vous aide pas, mais en favorisant le camp adverse il crédibilise vos ennemis. Du coup, vous vous trouvez encore plus en danger.

Je rends hommage aux gendarmes, je pense ici en particulier au commandant de la brigade de Ghisonaccia, qui m'a toujours soutenu. En revanche, je suis plus réservé sur certains représentants préfectoraux qui décrédibilisent l'idée qu'on se fait d'un État. Les sous-préfets restent deux ans, puis ils partent. L'État agit parfois à l'image de l'âne de Buridan[1], à force de ne pas choisir, il n'incarne plus la nation républicaine dans sa grandeur.

Pour l'État, qu'importe la réalité de tous ces accommodements dommageables pourvu qu'il ait l'ivresse de son exemplarité républicaine martelée martialement à tous les médias.

Je l'ai dit, je le répète : la situation en Corse est catastrophique. La violence ne s'arrêtera pas, du fait d'une tension extrême dans la société. La dégradation économique consécutive au Covid crispe les choses. Par ailleurs, des conflits entre nationalistes brouillent la vision de la politique touristique.

Je ne leur mets pas la violence sur le dos. Elle existait avant eux. Elle sera là après leur passage. Je dis simplement qu'on ne peut pas sortir de la violence quand

1. Le paradoxe de l'âne de Buridan est une légende selon laquelle l'âne meurt de faim faute de pouvoir choisir entre deux picotins d'avoine.

existent de telles ambiguïtés à tous les niveaux. Je m'interroge évidemment, comme d'autres, sur le consortium qui contrôle tout le secteur de la distribution et des transports. Il a quand même un sacré poids.

Les mafias ont changé de dimension. Normalement, il devrait y avoir moins de violences sur le terrain, mais ce n'est pas le cas. Les convoitises sont exacerbées par la volonté de capter la manne du tourisme, les promenades en mer. Bref, de capter tout ce qui rapporte de l'argent.

Il faut croire en l'homme, j'y crois. Je crois toujours que demain sera mieux qu'aujourd'hui. Il n'y a pas de paradis perdu. Néanmoins les années à venir seront tendues. Je pense aussi que ces coups de boutoir venus de la société finiront par payer.

Est-ce que les gens en Corse vont avoir le courage de demander un démantèlement du consortium ? N'est-ce pas déjà trop tard ?

La collectivité unique de Corse (CDC) n'a pas les moyens d'empêcher une telle concentration ; les nationalistes, au pouvoir, n'ont pu que constater cette réalité sans y pouvoir grand-chose, même si de sacrés ennemis du nationalisme se retrouvent dans cette holding. Sous couvert de « corsitude », un rouleau compresseur s'est mis en marche. Il se moque bien des intérêts de la population. Il affiche la tête de Maure et encaisse les dividendes.

La Corse est grande comme un quartier de Marseille et c'est toujours le bordel. On en revient au péché originel de l'île, sa dimension réduite.

En mars 2013, des inconnus déposent un engin explosif près de la mairie, encore un avertissement. Nous nous trouvions en pleine préparation de la campagne électorale. Avec le recul, je me demande pourquoi tout cela ? Je ne suis pas franc-maçon, je n'ai pas de réseaux, je suis membre d'un parti qui n'existe pas en Corse, le Parti socialiste. Je suis le membre d'un courant qui n'existe pas, dans un parti qui n'existe pas.

Quand vous êtes athée, socialiste en Corse, vous n'êtes rien.

4

Dominique Bucchini : « Tu as, toi, failli perdre ton fils »

Longtemps maire de Sartène, l'ancien président de l'assemblée de Corse livre un témoignage édifiant sur les années 1990-1995, où il est ciblé par le FLNC pour des questions immobilières, alors qu'il se bat pour préserver le célèbre site de Roccapina.

La question foncière est l'une des clés de compréhension de la situation en Corse. Jeune maire, j'étais sensibilisé sur les caractéristiques de la commune de Sartène, que j'administrais. Sa superficie est d'environ 22 500 hectares et 33 kilomètres de côte. Cela doit obligatoirement intéresser les appétits voraces.

Étant peu expérimenté, je me suis adressé à l'époque aux services de l'État et j'ai pris contact avec le secrétaire général en préfecture d'Ajaccio en le sollicitant pour que l'État puisse acheter des hectares de terrain en bord de mer de façon à préserver le littoral. J'y tenais, car je ne voulais pas que « ma » commune devienne une base touristique alors qu'elle avait une vocation agricole depuis toujours.

L'échange avec ce haut fonctionnaire a été édifiant : « Monsieur le maire, je suis étonné de votre propos », me dit-il d'un ton hautain, qui, je l'avoue, ne m'a guère déstabilisé. Puis, il me parle du Conservatoire du littoral, installé à Rochefort, qui envoie chaque année un de ses membres en Corse. Je l'interromps et rappelle que le littoral français de Menton à Port-Vendres s'étend sur 530 kilomètres alors que le littoral insulaire s'étend sur près de mille. Et j'ajoute que si le Conservatoire – et c'est une bonne chose – a déjà acheté des terrains sur le littoral du Midi, il n'a rien acquis en Corse. Et je raccroche...

Le responsable du Conservatoire, venu de Rochefort, débarque en mairie quelques mois plus tard. Il est jeune et sympathique et je lui propose qu'on se tutoie. Je l'informe que la BNP a acheté le site de Roccapina et que j'aimerais que ce soit le Conservatoire qui le récupère. J'étais prêt à me battre à ses côtés pour cela.

Je me souviens très précisément de cet échange où il me dit : « Monsieur le maire, le site de Roccapina est exceptionnel et si vous créez les conditions pour que le Conservatoire en soit propriétaire, je vous assure que je vais devenir directeur national du Conservatoire. » Je lui réponds : « Alors, engageons le combat. »

Un an plus tard, je reçois le coup de fil de monsieur le directeur de la BNP me disant qu'il viendra me voir dans quelques mois. Je lui réponds que je suis d'accord.

Il débarque donc dans mon bureau avec deux collaborateurs et me dit d'emblée qu'il veut « développer Sartène ». J'ouvre ici une parenthèse : je croyais que c'était de la compétence du conseil municipal... et non d'un directeur de banque. Il veut donc développer ma ville en commençant par construire un hôtel cinq étoiles aux abords de la plage de Roccapina. Il ajoute que, dès le début des travaux, nous fermerons la route qui, depuis l'ex-nationale, descend vers le bord de mer. Je me permets de l'interrompre en lui demandant comment les locaux et d'autres descendront sur la plage... Silence pesant. Le directeur donne la parole à l'un de ses accompagnateurs.

Je lui fais remarquer avec un certain ton qu'en mairie c'est moi qui donne la parole et qu'il est prié de me demander l'autorisation. C'est ce qu'il fait...

Son conseiller m'explique qu'il n'y a pas d'eau sur le site et, sortant le plan de la commune, il veut m'expliquer qu'il appartient à la collectivité de supporter le poids des travaux.

Je le remercie pour son exposé et explique à mes trois interlocuteurs que quand ils ont acheté le terrain ils ont appris qu'il n'y avait pas d'eau. Donc, évidemment, le prix du mètre carré était moins élevé. Mais à présent, pour avoir le précieux liquide, il faut remonter sur Sartène, en sortir vers le Rizzanese, construire une station de pompage et installer 30 kilomètres de canalisation... La commune a une grande superficie, mais elle est pauvre, désespérément pauvre.

Le directeur intervient pour me demander s'il doit m'écrire. Je réponds qu'il peut mais que ma réponse sera négative. Il me redemande l'autorisation de prendre la parole et ajoute : « Nous voulons développer votre ville et lorsque l'hôtel, avec ses 25 chambres, sera construit, je vous demanderai les noms de 25 jeunes filles qui descendront nettoyer les chambres. »

Je me souviens de l'avoir regardé droit dans les yeux et de lui avoir répondu que les jeunes filles de chez moi ne sont pas forcément destinées à nettoyer le stupre des fornications touristiques. Dans le même temps, les deux conseillers techniques lui expliquent ce qu'est un plan d'occupation des sols que la commune entreprend avec l'aide de la direction de l'équipement. Nous ne sommes pas loin de la phase finale et j'ai désormais la possibilité de rendre l'ensemble du site inconstructible avec la création d'une zone dite ND9. Et c'est ce que je vais faire. J'explique ainsi au directeur de la BNP qu'il doit rapidement rencontrer le Conservatoire du littoral pour ne pas perdre trop d'argent. J'ai le souvenir de l'avoir tutoyé pour clôturer la réunion en lui expliquant que c'était la dernière fois que nous nous voyions. Parce que je ne reculerai pas.

Cette rencontre m'a mis hors de moi : on devait offrir de l'eau à un gros propriétaire foncier qui allait construire un hôtel et nous interdire l'accès à la plage. J'aimerais vous dire à présent que l'eau est arrivée au site de Roccapina grâce à la coopération avec l'office hydraulique de la Corse. La municipalité que je dirigeais a implanté depuis un camping municipal invisible de la route menant à Bonifacio. Je déplore que l'actuelle municipalité ait fermé ce camping.

Mais cette histoire de Roccapina n'est pas terminée. Le même jour à 17 heures, je reçois un coup de fil du préfet pour me réprimander : « Monsieur le maire, je suis très surpris des propos que vous avez tenus à la BNP alors que nous travaillons sur ce dossier en bonne entente avec les "Parisiens". » Je lui demande si je peux l'interrompre : « Monsieur le préfet, je suis très surpris par vos propos parce que je pensais que les services de l'État contrôlaient les délibérations des conseils municipaux, la régularité des actes. Or, ici vous décidez de l'amélioration du littoral Sartenais. C'est nouveau. Et ma question est simple : touchez-vous dans l'opération ? » J'ajoute : « Lorsque vous avez été nommé en Corse, monsieur Joxe, ministre de l'Intérieur, m'avait invité à la réception offerte en préfecture pour vous présenter. À la fin de la cérémonie il vous a appelé et a dit : "Monsieur le préfet, je voulais vous dire que j'ai confiance en monsieur Bucchin, c'est un vrai républicain. Je tenais à vous le dire." »

J'entends une hésitation, un « Non, mais », puis je répète la question avant de raccrocher. Je téléphone dans la foulée à Pierre Joxe, ministre de l'Intérieur. Je l'informe des péripéties de la journée. Joxe me répond : « Ne t'en fais pas Dominique, ce n'est pas grave. » Je lui précise que si le préfet favorise la construction d'hôtels cinq étoiles avec pieds dans l'eau, il aura quelques soucis avec le FLNC et de multiples plasticages. Joxe est interloqué. Sa réponse : « Ah, c'est vrai Dominique. On verra. »

Six mois passent et c'est au tour d'un banquier canadien de débarquer dans mon bureau après avoir acheté 30 hectares non loin de Roccapina. Il est lui aussi accompagné de deux collaborateurs. Mon visiteur commence par me dire qu'il veut développer Sartène. J'ai déjà entendu ça quelque part… Je me suis dit intérieurement que si la conversation continuait, j'allais faire un malaise.

Je lui demande de me détailler le contenu de sa « proposition de développement ». Et là, à ma grande surprise, il me propose d'installer deux camps de nudistes. Là aussi, mon sang se met à bouillir. Je me souviens lui avoir répondu : « Tes nudistes, va les mettre dans ta cabane au Canada. La Corse n'a pas besoin de "culs nus" et je te conseille de revendre tes 30 hectares au Conservatoire du littoral car ton terrain peut devenir inconstructible prochainement. »

J'ai donc avisé mon contact au Conservatoire du contenu de ces réunions. Et comme prévu, après son déplacement en Corse pour finaliser les opérations, ce jeune homme est devenu directeur national du Conservatoire. Mais sa *success story* professionnelle est de courte durée : sa femme décède d'un cancer et lui-même disparaît quelques mois après de la même maladie. J'en suis très affecté.

Sur le plan local, nous avons permis le rachat par le Conservatoire de 13 kilomètres de côte entre Tizzano et Campomoro. De même pour le phare de Senetosa. Nous avons également créé le syndicat intercommunal Elisa[1] pour gérer les achats supplémentaires de terrains sur les communes de Belvédère Campomoro et Grossa. Je le dis avec fierté, car nous avons, avec mes collègues de Grossa et Campomoro, préservé une partie du précieux littoral corse et travaillé utilement contre la spéculation immobilière.

Dans le même temps, je suis victime d'une campagne de dénigrement du FLNC. Des tracts distribués en ville m'accusent de vendre le littoral à l'encan, ce qui, nous

1. Syndicat intercommunal pour la gestion des espaces naturels littoraux du Sartenais.

venons de le voir, est totalement faux. J'ai rencontré quelques militants de la Cuncolta[1] pour leur dire qu'il n'est pas forcément nécessaire d'utiliser des moyens illicites pour arriver à préserver le littoral.

J'ai tenté de reparler de ces difficultés voilà quatre ans à l'assemblée de Corse lors d'un débat sur la motion de Corsica Libera relative au retour des prisonniers politiques. En proposant aux membres de l'assemblée de venir découvrir le littoral sartenais, je leur ai aussi parlé des difficultés rencontrées lorsque mon fils (le plus grand) a souhaité s'inscrire à la fac de Corte dans les années 1990. Il a rencontré un groupe d'étudiants qui lui a demandé le lien de parenté qui l'unissait à monsieur le maire de Sartène. « C'est mon père », a-t-il répondu. D'où cette injonction : « Ta place n'est pas ici, va faire tes études sur le continent. » « *Fóra*[2] *!* », en somme. Il est donc allé s'inscrire à Montpellier, rejoint l'année suivante par son frère.

J'ai également narré lors de cette séance devenue mémorable la série d'attentats subis sur la localité : tentative avortée sur le centre culturel, malheureusement réussie sur le tribunal d'instance, la cité administrative pulvérisée par 80 kg de nitrate-fioul et les logements sociaux détruits au cœur de la ville.

Mais la série ne s'est pas arrêtée là. Ils ont continué en s'en prenant en 1996 à ma maison. La charge placée dans le garage a dévasté la chambre mitoyenne, où logeait mon fils qui venait tout juste de débarquer de

1. La Cuncolta naziunalista, fondée en 1987, est considérée comme la vitrine politique du FLNC. Elle devient en 1992 la Cuncolta indipendista.

2. « Dehors ! »

Montpellier. Ce garçon de vingt ans a failli mourir : c'est un vrai miracle qu'il ait échappé au pire. Et je me remémore l'arrivée en pleine nuit du procureur de la République. Je me vois encore debout devant le magistrat en refusant de lui serrer la main : « Monsieur le procureur, je n'ai rien contre vous, mais cela fait des mois que je suis menacé sous la pression de beaucoup d'attentats contre les biens publics et l'État ne trouve jamais les auteurs. » « Alors, me dit-il, si je comprends bien je dois m'en aller. » Je réponds : « C'est fou comme vous comprenez vite. »

Je marque ainsi ma désapprobation face à cette intolérable situation. Je suis placé par la suite sous la protection du GIGN, ce qui n'est pas simple à gérer au quotidien.

Bref, quelques instants après le procureur, je vois débarquer à son tour une équipe d'Antenne 2, caméra sur l'épaule. Le journaliste est convaincu qu'il va passer un long moment avec moi. Je lui dis qu'il ne peut pas rentrer dans la maison, car ma famille est dans un sale état. Cela peut se comprendre, je pense. J'explique très brièvement au journaliste qui a tendu son micro que ma famille n'est pas chrétienne, mais que si celui qui a commis cet acte s'excuse, nous l'excuserons. Mais personne ne s'est présenté. Je prendrai connaissance par la suite de l'identité de celui qui a plastiqué, mais je n'ai jamais donné son nom à qui que ce soit.

Le hasard de la vie veut qu'un jour je prenne ce garçon en stop. Mon passager est muet comme une carpe et regarde droit devant lui. Puis il sort de son mutisme en m'interrogeant sur le fait que je me sois arrêté. « Y a-t-il une raison pour que je ne te prenne pas ?» Il me questionne à nouveau au moment de descendre, après notre arrivée sur la place de la Libération : « Si un jour vous passez devant moi, vous me reprendrez en stop ?» J'acquiesce, parce que c'est une question de principe. Que ce soit un Arabe ou un Roumain, un continental ou un voyou, un Belge ou un Italien, je prends tout le monde en stop. C'est une manière d'aider mon prochain.

Ce qui devait arriver arriva. La même scène se reproduit un an après. Je rentre d'Ajaccio, je m'arrête à nouveau pour le prendre dans ma voiture. Cette fois-ci, c'est moi qui pose la première question : « Je voudrais te parler d'un plasticage. As-tu quelque chose à me dire ?» Le passager est gêné, se tait, se referme. Le jeune homme sait maintenant que je sais. J'affirme aujourd'hui que le jour où je quitterai cette Terre, je livrerai son nom à une personne de confiance.

Retour en 2017. Je raconte donc cette anecdote à l'assemblée de Corse, qui m'écoute attentivement. Je m'exprime au nom du groupe communiste puisque nous examinons une motion déposée par le groupe nationaliste. Je m'exprime dans un profond silence, presque lourd, tous les collègues sont attentifs. Je me rends compte que mes propos font mouche, marquent l'assistance, y compris la presse. J'en reprends ici le contenu littéral : « Et après, avoir été traité comme cela alors que j'ai lancé un certain nombre de propositions dans l'intérêt de la Corse, de son peuple, de sa langue, par le biais de la démocratie. Je n'ai jamais fait de mal à personne. Je n'ai jamais tiré un coup de feu en l'air. Donc à un certain nombre d'argumentations que je peux comprendre lorsqu'on a vécu un certain nombre d'opérations de ce type-là, franchement, il faut qu'on se respecte, il faut aussi comprendre la douleur d'autrui.»

Je tenais ainsi à clarifier ma position, qui a consisté, avec notre groupe, à ne pas voter la motion proposée.

La séance étant suspendue, Gilles Simeoni, président de l'exécutif, se rapproche et me glisse : «Dominique, je te comprends, mais on ne pourra jamais s'en sortir.» Je lui réponds : «Mais de quoi tu parles? As-tu eu une fois ton fils qui a failli mourir dans un attentat et ta maison complètement dévastée?» Il s'est éloigné. Bon nombre de collègues m'ont applaudi, dont des élus nationalistes venus me féliciter pour ma franchise et mon honnêteté. Certains ont ajouté : «Cela permettra à Talamoni[1] de réfléchir.»

Je me dois aussi de faire ici par honnêteté le bilan de l'alliance avec Paul Giacobbi qui nous a conduits au pouvoir durant quelques années. Nous avons réalisé une alliance électorale parce que nous n'avons pas réussi à établir un programme commun à réaliser durant la mandature du fait de désaccords.

Je crois que Paul considérait qu'il fallait prendre en compte bon nombre de demandes des nationalistes pour les mettre en difficulté lors des prochaines régionales. Je lui ai dit plusieurs fois notre désaccord et chacun sait que le pouvoir à l'assemblée de Corse est détenu par le président du conseil exécutif. Le président de l'assemblée

1. Jean-Guy Talamoni, militant du parti indépendantiste Corsica libera, président de l'assemblée de Corse.

de Corse n'a pas de pouvoir véritable et attend les propositions du conseil exécutif, donc les orientations pour la discussion et le vote. Cela ne m'a pas empêché de livrer à Paul Giacobbi le fond ma pensée sur les dangers de reprendre à notre compte les thèses nationalistes, à savoir qu'électoralement les gens préféreront l'original à la copie...

La nouvelle majorité a fait de bonnes choses et nous avons aussi perdu avec la montée en puissance des nationalistes. Je n'occulte pas non plus quelques affaires qui ont terni l'image de Paul Giacobbi, sans oublier l'assassinat de Dominique Domarchi[1].

Mais on oublie aujourd'hui comme hier qu'il était, qu'il est indispensable de prendre en compte les aspects majeurs de l'urgence sociale qui frappe la Corse. Nous sommes la Région de France la plus touchée par la pauvreté. Chez nous, un ménage sur cinq vit en dessous du seuil de pauvreté. Le revenu médian disponible des ménages est de 18 836 euros, soit 7 % de moins que la moyenne nationale. Selon l'Insee, en 2015, les prix moyens hors loyers dépassaient de 3,6 % les prix moyens de la France de province.

Et l'on ne parle jamais des prix des carburants et du détournement des réfections de la TVA sur les produits de consommation courante. Nous sommes ici en Corse à tous les niveaux beaucoup plus sensibles aux demandes formulées par le patronat, donc le consortium de patrons corses. Des demandes relayées par la CCI et

1. Voir page 42, note 2.

le Medef. Il n'est jamais question de contreparties sociales ni d'évaluations sur l'emploi.

Chez nous, le prix du foncier augmente de 138 % en dix ans, soit quatre fois plus que sur le continent. Le secteur de la construction représente ici 9 % de la valeur ajoutée, contre 6 % pour la France de province. Et l'agriculture 1 % contre 3 %. Le secteur marchand de l'hôtellerie-restaurant est deux fois plus important que la moyenne française. Autant de paramètres spécifiques à l'île de Beauté.

Je ne parlerai pas du manque de logements sociaux, des difficultés de nos hôpitaux, de la réforme des 3D (décentralisation, déconcentration, différenciation), de l'absence de stabilité dans l'organisation de la desserte maritime afin de baisser les tarifs, ou d'une véritable politique forestière.

En résumé, on vit sous l'emprise du libéralisme et une minorité d'insulaires s'enrichit, avec le concours de quelques membres du milieu qui font toujours partie de lui. Et pendant ce temps-là, l'intérieur de l'île continue de se vider, et des villes phares du développement en corse, Porto-Vecchio et Calvi, sont les championnes du chômage.

Il est donc temps de changer de politique, d'arrêter celle du tout tourisme. Il nous faut construire une nouvelle alternative avec tous ceux qui, notamment à gauche, organisés ou pas, veulent un changement profond de société dans toutes ses dimensions sociales, environnementales, économiques, en rupture avec le carcan des politiques libérales qui fait obstacle à l'épanouissement de la Corse.

5

Ghjiseppu Maestracci : «Rendre visibles les invisibles»

Avec son association Avà Basta, l'ancien instituteur lutte contre les négriers insulaires qui traitent comme des esclaves les travailleurs venus d'ailleurs. Il nous livre un effrayant récit sur le volet social de certaines pratiques mafieuses.

Je suis né dans un village de montagne sur un matelas posé à terre dans la cuisine parce qu'en février il fait froid et que dans la cuisine, il y a la cheminée et de la braise chaude. Quand je suis né, au cœur des années de guerre, il y avait autour de moi ma grand-mère, mon frère, mes sœurs. Mon père n'était pas là car parti se battre contre les Nazis, les travaux des champs suspendus et le troupeau abandonné dans la montagne. Les hommes manquaient aux terres.

Mon père a fini par revenir, démobilisé du fait de la naissance de ce quatrième enfant. Je suis donc celui qui a libéré son père… Ma fierté. Je suis fils de ce berger laborieux et honnête. Si nous étions tous pauvres dans le village, l'insouciance était aussi notre quotidien. Nous n'étions pas pour autant miséreux : il y avait toujours à la maison de quoi se nourrir, beaucoup de fromage, du lait et de la viande. Une vieille brebis qu'on fait cuire, ça nourrit son homme, son enfant, une famille.

Je tiens ici à faire le portrait de cette Corse agraire, certains diront « archaïque », pour mieux faire comprendre les difficultés d'aujourd'hui et particulièrement le retard socio-économique qui influe beaucoup sur la situation actuelle. J'allais à l'école en culotte courte, même par temps de neige, et j'avais froid aux pieds. Comme tous mes camarades, garçons et filles, je me rendais en classe avec la bûche sur l'épaule pour chauffer la salle de classe inchauffable. Nous sommes à Corscia, autrement dit au bout du monde sur les hauteurs du Niolu. C'était une école sans aire de jeux. Nous étions libres. Notre cour à nous, c'était la nature. La première fois que j'ai vu une vraie cour, c'était des années plus tard à Bastia. Chaque fois que je passe devant cette école située tout près de mon bureau, j'y pense.

Ce jour-là, je me suis senti prisonnier de murs hostiles et de profs trop racés. Je passais alors l'examen d'entrée en sixième. Bien entendu, comme pris au piège et tétanisé par cet environnement citadin, j'ai lamentablement échoué. Ma découverte du monde a commencé un an plus tard, à mon entrée en sixième, que j'ai fini par obtenir quand on a déménagé à Belgodère, en Balagne, pour que je puisse m'inscrire au collège. C'est là que monsieur Canioni, mon maître, a su me guider, à la fin de l'année scolaire, à l'épreuve du certificat d'études, je suis sorti major de toute la micro-région, de Petralba à Ghiunsani en passant par Balagna et Galidia. Monsieur Canioni était un hussard pédagogue chevronné. C'est dans ce village de Belgudè que j'ai découvert et ressenti le poids des classes sociales. Les *sgio* (les seigneurs) et les bergers. Les exploiteurs et les exploités… et la fourberie des sociétés laitières.

Plus tard, un peu plus tard, un autre événement important dans ma vie a été d'émigrer en Algérie en qualité d'enseignant. Je me souviens de mon départ. Ma mère était sur la place et mon père était tout pâle. Il ne disait rien. Ma valise était quasiment vide. Ma mère m'a dit : « Avec ta première paie, tu t'habilleras. » J'avais un peu d'argent dans ma poche pour payer l'hôtel à Ajaccio, où pour la première fois de ma vie j'ai pris… l'ascenseur. La symbolique est forte.

Ce fut aussi mon premier vol en avion. Il existait alors une ligne directe entre Ajaccio et l'Algérie. Et ce premier vol s'est très mal passé. Ça bougeait beaucoup et l'hôtesse affolée nous a laissés livrés à nous-mêmes, vers ce qui ressemblait à un voyage sans retour.

Mon premier contact avec le bled a été étonnant. Les jeunes du bled auraient dû suivre l'école obligatoire depuis toujours, car l'Algérie était, rappelons-le, un département français. Je vois encore mes gamins entrer pour la première fois en classe et s'asseoir sur les tables, mettant les pieds sur le banc. Ils me tournaient le dos. Ils ne parlaient pas le français et moi je ne parlais pas l'arabe. Le colonialisme soudain prenait un visage clair et féroce.

J'ai été aussi confronté à un climat très dur. Souvenons-nous de Camus qui évoque « un pays froid où le soleil est chaud ».

Avec mon collègue Ghjuvan Teramu, nous avons fait venir des blouses, des chaussures, des vêtements de métropole pour habiller les enfants. Nous étions confrontés à la misère et c'est là qu'est née ma vocation, celle de m'occuper de l'autre. Une vraie prise de conscience sociale. C'est dans cette Algérie que j'ai forgé mon âme.

Pendant la guerre, j'ai vu des choses horribles, des gens hurler sous la torture. Ils bavaient de partout... par les yeux et les oreilles, c'était insupportable. C'est là que je suis devenu celui qui sait dire « non ». C'est tellement plus facile de dire « oui... oui... Amen. » Mon ambition a toujours été d'apprendre à mes élèves ce « non » d'insurrection.

La guerre terminée, je suis rentré peu de temps en France et suis reparti quelques années comme coopérant. Ce fut une belle époque.

Puis de nouveau rentré en France j'ai travaillé à Ivry, à Vitry. J'étais directeur d'écoles ZEP dans les quartiers difficiles. Je me suis occupé d'une association d'éducateurs de rue dont j'étais le président. Mon regard était un regard de paix. J'ai lutté avec force pour arracher des jeunes à la drogue et des mains de la voyoucratie. C'est là que j'ai perçu le terrible pouvoir du « crime » sur l'homme. Avec mes amis éducateurs nous avons fait de belles choses.

En 1993, me voilà de retour dans le Niolu comme jeune retraité. L'une des premières choses qui me frappent c'est un souvenir d'enfance qui me revenait alors sans cesse : les vendanges au village. Je constate que l'on ne vendange plus, que les vignes ont disparu. La Corse a-t-elle donc tant changé ? Moi j'étais ailleurs, loin de tout ça. De ce désastre, de cette mutation, de ce renoncement. Je fonde dans un premier temps une association d'aide à domicile pour s'occuper des vieux qui étaient bien seuls. Parti de rien avec ma compagne Étiennette, nous avons laissé une décennie plus tard une association de quinze salariées venant en aide à plus de quatre-vingts personnes âgées. Ensuite, membre d'Avà Basta, j'en prends la présidence en 2008.

Il est vrai qu'à travers cette association j'ai retrouvé quelque chose de l'Algérie avec ces chibanis qui travaillent comme des esclaves sur cette terre de Corse. C'était pour moi impossible de laisser ces pauvres gens livrés à eux-mêmes.

Avà Basta est partout en Corse. Nous ne sommes pas nombreux, mais très efficaces sur le terrain. Avà Basta est un collectif corse destiné à lutter contre ce racisme universel et toutes ces discriminations. Nous avons créé une cellule de veille pour répondre à la menace fascisante et raciste. La Corse n'est pas raciste, mais malheureusement il y a beaucoup de racistes en Corse. Nous sommes confrontés à trois formes de racisme : celui des réseaux sociaux et le racisme ordinaire, le racisme de comptoir, et surtout le racisme de classe.

Les racistes sont nos ennemis, il faut les neutraliser. Et c'est pour cela que j'ai créé le mouvement I Paceri, « Les Faiseurs de paix ». Historiquement, les *paceri* aidaient à faire la paix car la justice était injuste. Le *sgio*, le seigneur, avait toujours raison. D'où les vindette.

Les *paceri* arrivaient pour rétablir la paix. Le *paceru* était respecté de tous. Il pouvait entrer dans toutes les maisons. Il écoutait l'un et l'autre, puis menait les négociations pour aboutir à la paix. Avec l'association

Avà Basta nous essayons de faire de même avec les employeurs de travailleurs démunis.

Je prends l'exemple d'un travailleur qui me contacte, désespéré. Cela fait des mois qu'il n'est pas payé. Mon rôle est d'appeler l'employeur et de lui dire : « Monsieur X est devant moi... Il dit ne pas être payé... » L'employeur me prend de haut et nie... Je l'écoute et lui dis : « Moi je n'ai pas d'avis mais mon rôle est de guider monsieur X en justice... » Trois jours plus tard l'employeur ripou m'appelle pour m'informer que tout s'est « arrangé ». Souvent ça se règle ainsi. Mais pas toujours.

Je dois souligner que le « faiseur de paix » répond également aux demandes d'employeurs honnêtes qui veulent régulariser certains employés. Et des employeurs honnêtes, il en existe en Corse. Mais des négriers qui font du gras sur le dos des affamés, il en existe aussi. Je dois reconnaître que le phénomène des négriers ne se passe pas qu'en Corse, il se retrouve en Sicile, en Espagne, en Angleterre, sur le continent.

Il y a ici deux sortes d'esclaves. Ceux qui viennent au risque de leur vie en traversant la Méditerranée en barque de fortune. Et puis, il y a ceux qui débarquent sous contrat, les saisonniers, pour ramasser les oranges, les clémentines, faire les vendanges. Ils sont nombreux dans le secteur du bâtiment, particulièrement actif en Corse. Ces gens-là viennent en règle avant de repartir avec un pécule destiné à la famille restée au pays. Cet exode temporaire, c'était jadis notre lot à nous, les Corses, il y a soixante ans. Les hommes partaient aux colonies et la famille restait au village.

Aujourd'hui dans l'île nous sommes confrontés à un vrai trafic qui implique des réseaux de passeurs installés dans le pays d'origine. Le travailleur donne ainsi jusqu'à 8000 euros au passeur pour traverser la Méditerranée, lequel passeur reverse 4000 euros au négrier corse. Si le négrier fait venir 10 personnes, il touche 40000 euros. Le migrant va travailler quinze à vingt jours à ramasser des clémentines. Au bout de ce délai, l'employeur-esclavagiste le met dehors sans le payer et lui dit de disparaître : « Grâce à moi vous avez traversé la Méditerranée les pieds au sec, maintenant vous dégagez. »

Les ouvriers se retrouvent donc en situation irrégulière. Voilà comment on fabrique un clandestin sur le sol français.

Ces travailleurs-là, je les appelle les « invisibles ». Pour construire des villas de luxe de 350 mètres carrés au permis de construire invisible, dans le maquis, il faut des invisibles au ventre vide. Eh bien, ces invisibles, il nous appartient de les rendre visibles. C'est le travail d'Avà Basta. Notre rôle est d'alerter le procureur pour dénoncer les négriers. C'est vrai que des amendes sont infligées, mais celui qui en fait les frais, c'est Mohamed le clandestin que l'on renvoie parfois au pays.

Certains vivent dans des conditions inimaginables. Un jour je reçois un coup de fil d'un homme à l'accent italien qui m'alerte sur la situation d'un clandestin à Porto-Vecchio. L'homme s'est grièvement blessé avec une tronçonneuse. Non soignée, la gangrène a fait son œuvre et il a été amputé de la jambe. Nous apprenons qu'il vit dans une baraque, totalement démuni. Arrivés à « Portivechju », nous sommes guidés par notre Italien vers une baraque de planches sales, plantée au milieu de nulle part. En y pénétrant, nous apercevons au centre de la pièce un lit relativement propre. Mais des rats courent sur le sol. Puis, nous apercevons une table avec une assiette remplie de croquettes pour chat.

Oui, nous avons cela en Corse, un homme qui vit dans une baraque avec des rats et qui mange des croquettes pour chat disputées aux rats.

J'informe la préfecture en précisant que ce n'est pas seulement le négrier qui est en cause, mais la République, le préfet et moi-même. Nous aurions dû être plus vigilants. Nous réussissons à régulariser ce malheureux et à l'aider à rentrer au pays.

Avec Avà Basta, nous assurons 10000 entretiens par an. Nous sommes quatre personnes qui gèrent en moyenne 2000 dossiers. Nos cibles sont les gens du BTP, de l'agriculture et certains restaurateurs saisonniers qui fabriquent de la précarité. Nous touchons là à tout ce qui concerne la misère humaine.

Un autre exemple. Un jour je vois débarquer dans mon bureau une femme d'une soixantaine d'années qui avait dû être belle. Très belle. Elle est originaire du Maghreb, m'explique qu'elle a travaillé longtemps dans un bar à hôtesses. C'était aussi la maîtresse d'un proxénète qui lui a pris son passeport; elle n'existait plus. Vieillissante, hélas, elle a été remplacée par une plus jeune femme. La belle dame âgée m'avoue qu'elle vit dans une carcasse de voiture. Elle n'a plus rien, son maître l'a jetée dehors sans papiers. Je me suis battu avec l'ambassade d'Algérie pour améliorer son statut. Elle vivait de mendicité et des Restos du cœur. J'étais surpris par sa dignité. Elle faisait tout pour rester propre, pour présenter bien. Elle était une femme. Une vraie. Elle a été enfin régularisée et nous lui avons rendu sa dignité volée. Le proxénète vit, prospère et dort en paix.

Nous sommes confrontés en Corse à la situation du serpent qui se mord la queue avec l'expansion d'un système mafieux. Je ne veux taper ni sur la Sainte Vierge ni sur Marianne, mais les représentants de la République en Corse posent parfois problème. Il y a les vrais républicains, les bons. Ceux avec qui j'ai gardé des relations amicales, ceux avec qui je partage les mêmes valeurs humaines. Puis, ceux qui ne font pas correctement leur travail. Ils existent aussi.

J'avais en ma possession un dossier complet sur l'importation de la main-d'œuvre. J'ai saisi les autorités en leur disant de me donner mission de contrôler que tout se passe dans les règles. Cela fait trois ans que le dossier dort dans les ministères. Je souhaiterais être missionné pour me rendre au Maroc, grand réservoir de main-d'œuvre clandestine pour la Corse et mener des enquêtes sur place pour vérifier que le cahier des charges est correctement respecté et que les passeurs sont éliminés.

Pour tout cela il nous faut des moyens et nous en manquons. C'est l'une des raisons qui me pousse à témoigner aujourd'hui. Pour que l'on connaisse la réalité du travail clandestin dans l'île de Corse. Il convient de réfléchir aux moyens de lutter contre l'injustice. C'est se regrouper pour se lever comme un seul homme. Pour dénoncer, construire, aider, bâtir.

Il n'est pas question ici de menacer, de faire pression. Ce ne sont pas nos méthodes, mais celles des mafieux.

Le « collectif » fait la force et moi je ne veux pas me coucher. Je veux dénoncer, ici un scandale, là des gens qui font du gras sur le dos des maigres. On ne se fait pas que des amis quand on dit « non ». Mes ennemis, ce sont ceux qui savent et qui ferment les yeux. Ceux aussi qui cherchent un intérêt particulier dans la dérive mafieuse qui frappe l'île à tous les niveaux.

La Corse se bâtira un avenir prospère sur des fondements propres. Nous ne sommes pas assez nombreux pour digérer une mafia. Nous sommes trop peu. Si nous étions trois millions peut-être pourrions-nous supporter un millier de mafieux ? Nous sommes petits... Mais notre petitesse, c'est aussi notre force.

Nous sommes un joyau dans un écrin mafieux.

Notre terre est merveilleuse, tant de champs sont inexploités, l'étendue est immense... l'eau est abondante et le soleil est chaud. La question est de savoir quel projet nous voulons pour la Corse. Quand j'ai appris que Massimu Susini[1] a été assassiné j'ai dit : « Non ! Non, tu ne tueras pas ! »

Si l'on tue, c'est qu'il y a un intérêt caché à tuer. Je suis allé à l'enterrement spontanément, puis le comité antimafia est né. J'y ai adhéré. Tant que le comité fonctionnera normalement, je l'accompagnerai. Quand des mafieux s'entre-tuent ça ne me concerne pas. Tuer un jeune qui œuvre pour le bien commun, en revanche, je dis « non ». L'enjeu de ce qu'il faut bien appeler la « guerre de Corse », c'est que le « collectif » puisse dominer les intérêts privés.

1. Voir introduction.

Je suis un enfant de la « terre du commun », cette terre où j'étais scandalisé que mon père berger ait à payer l'herbe alors que le troupeau nettoyait les champs et les vignes et l'oliveraie des propriétaires terriens, les latifundiaires. Le berger partait dans les estives durant trois mois, de mai à août. Il faisait son fromage dans les terres collectives. Là il trouvait son bénéfice.

Je sais ce que signifie faire payer l'herbe à un mouton. L'avenir, je le vois si demain ceux en charge des responsabilités posent un vrai projet de société sur la table. Pour l'instant je n'ai pas vu de réel projet de société, quel que soit le mouvement au pouvoir.

De grandes questions se posent comme celle de savoir si les bateaux naviguent pour que je puisse circuler, commercer, échanger, ou s'ils naviguent pour enrichir certains. De même, nous orientons-nous vers une agriculture destinée à aller vers l'autosuffisance ou construite pour gagner des primes à la vache qui engraissent certains tout en appauvrissant le peuple ? Nous ne sommes pas loin du jour où l'on verra le peuple de Corse s'asseoir sur le trottoir pour mendier son pain. Les villages se vident, les ronces gagnent partout. Non ! Non ! Notre maquis n'a jamais été notre pâturage naturel.

Aujourd'hui, certains *paisani* (« citoyens ») résistent grâce au RSA et à une maison de famille, mais ils sont de plus en plus rares. La question est de savoir si les politiques accélèrent ou non le phénomène. Encore une fois, il faut rendre visibles tous les invisibles. Les pauvres et les nantis. L'invisible pauvre s'il s'appelle Mohamed, il s'appelle aussi Dume ou Paul-Louis ou Mamie. Le drame est de constater que d'aucuns tentent de les dresser les uns contre les autres. La guerre des gueux !

Nous ne combattrons pas la pauvreté si on ne met pas sur la table un projet de société dynamique et prometteur. C'est-à-dire que la classe pauvre, laborieuse n'a rien à gagner avec ceux qui construisent de somptueuses villas sans permis de construire avec des invisibles qui n'ont pas de carte de séjour. Je suis partisan de créer des coopératives qui bénéficieraient de primes à la production. Quant à la production de viande, il y a des éleveurs exemplaires avec lesquels il faut travailler, et écarter les autres, les dévastateurs de l'environnement qui ne vivent que de primes à la vache maigre errante.

Je terminerai mon propos en évoquant l'assassinat de Claude Érignac[1]. Tous les ans, Avà Basta dépose une gerbe à la préfecture. Je me souviens encore de l'annonce de sa mort. J'étais chez moi et j'ai reçu un coup de fil du sous-préfet. J'ai dit « C'est une *macagna* », une blague. J'étais K.-O. debout après avoir allumé ma télévision. Et j'ai dit à mon interlocuteur : « Partez, monsieur le sous-préfet, partez. Partout en France se trouvent des sous-préfectures tranquilles où vous pourrez travailler sereinement. » Et je me souviens encore de mon injonction : « Partez, nous sommes des fous. »

Comme preuve de cette folie, souvenons-nous du message d'insultes posté sur les réseaux sociaux par un leader nationaliste envers la veuve de Claude Érignac. Et *dixit* l'auteur : « Quatre millions de petites salopes »

1. Voir introduction.

lors de la visite de monsieur Macron en Corse en 2018 accompagné de monsieur Chevènement pour commémorer le 20e anniversaire de l'assassinat. Une insulte à toutes ces femmes qui ont payé un lourd tribut à la guerre. Elles ont agi par amour, par faim, par besoin, pour nourrir leurs enfants ou même pour sauver des vies. C'est le « destin » vieux comme le monde, de la condition féminine. J'ai écrit et je répète que ces mots sont une vomissure, une insulte à toutes les femmes et donc à la femme corse. Avà Basta sera toujours du bon côté de la barricade et condamnera toujours l'État quand il provoque et trompe. Si ce petit peuple veut étonner un jour, il pourra mobiliser dans la concorde tous les habitants de cette terre fertile.

Le peuple corse ne se connaît pas de peuples ennemis. Et pour terminer, j'ai envie de citer Voltaire : «C'est n'être bon à rien de n'être bon qu'à soi.»

6

Catalina Vesperini : «Nous avons mis le nez dans une poudrière»

Pour cet ancien cadre de l'office des transports de la Corse (OTC), rien ne va plus au royaume de la desserte maritime, surtout si on se plonge dans les comptes…

Je suis depuis quelques mois licenciée par l'office des transports de la Corse[1], après trente-six années au service de cet établissement. L'office des transports est un outil technique qui a pour mission de mettre en œuvre la politique des transports votée par l'assemblée de Corse.

Trois de mes collègues ont subi un sort similaire au mien, aussi, c'est au nom de nous quatre que je m'exprime dans cet ouvrage. Nous constituions en 2010 pratiquement la moitié de l'effectif, les cinq autres agents étant affectés à l'administratif et au financier. Avec mes trois collègues, nous assurions les missions essentielles de l'office, puisque l'une des licenciées était cheffe du service aérien, j'étais pour ma part depuis 2008

1. L'OTC est un établissement public, sous la tutelle de la collectivité de Corse, destiné à gérer l'enveloppe de continuité territoriale, voir article L4424 - 27/28 du Code général des collectivités territoriales précisant que la dotation est destinée à «réduire les contraintes de l'insularité» afin d'obtenir «des dessertes dans des conditions d'accès, de qualité, de régularité de prix qui ne seraient pas de nature à handicaper la Corse par rapport aux autres parties du territoire national».

au même niveau de responsabilité, en charge du maritime, les deux autres salariées évincées de leur poste étant nos collaboratrices.

Mes premières années à l'OTC, qui sont aussi celles de l'établissement, sont marquées par :

— la création d'une compagnie aérienne régionale (Air Corsica), qui verra le jour deux années après le vote de l'assemblée de Corse ;

— des rapports de bonne gestion de la Cour des comptes, puis de la chambre régionale des comptes ;

— des délégations de service public toujours préalablement approuvées par la commission avant leur mise en œuvre.

Tout cela n'aurait pu être possible sans les compétences, et la détermination à œuvrer dans l'intérêt général, du directeur de l'OTC, Pierre Antoniotti, en poste à partir de 1985 et durant quinze ans. Il a su aussi éclairer les différents présidents et administrateurs de l'office dans leurs décisions.

L'arrivée d'une nouvelle mandature en 2010 est marquée non seulement par un changement à la tête de l'exécutif de Corse et de la présidence de l'office des transports, mais aussi au poste de directeur de l'établissement. Ce dernier, précédemment formateur aux fonctions d'agents territoriaux, succède à des polytechniciens jusque-là recrutés à ce poste.

Malgré nos efforts pour l'aider dans sa prise de fonctions, il décide de ne pas nous accorder sa confiance, confiance qu'il placera dans le reste de l'équipe et dans des agents qu'il recrutera en CDD, et qui seront ensuite titularisés. Le directeur décide en particulier de déléguer la gestion des ressources humaines à l'agent en charge du service administratif. La cour régionale des comptes s'interrogera sur le peu de contenu des missions de cet agent en 2009, expliquant cette vacuité par ses nombreux mandats syndicaux. La CRC dans son rapport portant sur les années 2010 à 2016 relèvera qu'il occupe de fait les fonctions de secrétaire général.

Le directeur décide pour les missions essentielles de l'office de faire appel à des cabinets d'étude extérieurs, tout contrôle de l'office sur la rédaction des délégations de service public maritimes et aériennes nous échappe. Comme si la partie se jouait ailleurs.

Nous sommes clairement mises à l'écart sans vraiment comprendre pourquoi après tant d'années de bons et loyaux services. Un épuisant harcèlement moral débute. Notre courrier commence à se raréfier, nous découvrons au photocopieur des courriers de la Commission européenne qui ne nous ont pas été transmis. Les situations humiliantes se succèdent au sein du service. Nous sommes écartées de certaines réunions et quand nous sommes présentes, nous ne sommes pas informées des orientations qui seront prises et souvent à l'encontre de nos préconisations.

L'arrivée de Paul Giacobbi à la tête de la collectivité, en 2010, correspond à une période de hausse du prix du baril de pétrole. Nous avons immédiatement alerté sur les risques que présentait cette augmentation pour l'équilibre des contrats de DSP maritime[1]. Mais rien n'a été fait, personne ne nous a entendues. Et plus nous

1. En aérien, à cette date, la hausse du coût des combustibles est répercutée sur le billet.

alertions, plus les choses ont commencé à se dégrader pour moi et mes trois collègues.

En septembre 2012, nous avons alerté le président de l'OTC sur les risques de présentation en 2013 d'un budget en déséquilibre et insincère. La cour régionale des comptes corse déclarera le budget 2013 insincère et en déséquilibre d'une quinzaine de millions d'euros. L'OTC sera placé sous tutelle du préfet, nous l'apprendrons bien plus tard par la presse.

Ce déséquilibre sera la conséquence notamment d'une nouvelle DSP aérienne plus coûteuse que la précédente de 33 % alors que tous les tarifs sociaux ont été supprimés, à l'exception des tarifs résidents. Cette DSP aérienne sera adoptée en dépit des préconisations de ma collègue de l'aérien.

Cette suppression des tarifs sociaux pénalise des catégories d'usagers qui feront entendre en vain leur voix, et notamment les enfants de parents divorcés, les étudiants, les retraités, les membres de la diaspora…

Deux ans plus tard, c'est la DSP maritime qui subira un sort similaire, avec la suppression des tarifs sociaux. De plus, les tarifs résidents subiront une augmentation substantielle de 12 %. Les tarifs de fret connaîtront, eux, une baisse significative. Le cabinet d'étude ne répondra pas à mes interrogations.

La décision de la Commission européenne du 2 mai 2013, qui déclare le service complémentaire illégal et incompatible avec le marché, est un « effet d'aubaine » pour l'OTC, qui retrouvera l'équilibre financier. La chambre régionale des comptes déclarera plus tard les budgets pour les années 2014, 2015 et 2016 également insincères.

En juillet 2014, la Commission européenne adresse un questionnaire à l'office. Deux mois plus tard, le directeur nous demande de répondre dans les quinze jours. Il s'agit là d'un moment clé. Nous réclamons les historiques de relevés de comptes, car la commission veut connaître les sommes réellement versées par l'État. Nous constatons qu'environ 6,5 millions d'euros ont été versés sans fondement à une compagnie maritime au dernier trimestre 2010, cette somme n'apparaissant pas dans les comptes administratifs.

Nous adressons nos réponses au questionnaire au directeur de l'office mais également au Secrétariat général des affaires corses (Sgac), qui dépend de la préfecture. Je dois dire que cette dernière initiative a beaucoup déplu. Nous sommes immédiatement réprimandées en interne.

Entre-temps, je tombe durant l'été sur un rapport du commissaire aux comptes d'un codélégataire où apparaît clairement que le carburant a été payé à cet opérateur sur les années 2011 à 2013. L'autre codélégataire a introduit un contentieux devant le tribunal administratif pour réclamer les sommes correspondantes ; il sera débouté.

Je réclame par e-mail les justificatifs sur le paiement des surcoûts carburants à cette compagnie. Je fais mon boulot, en somme. Rien que mon boulot. Je ne recevrai aucune réponse. Là encore, les sommes n'apparaissent pas dans les comptes administratifs de l'OTC. Nous sommes clairement confrontés à un faux en écritures aux termes duquel un organisme public a payé une somme d'argent sans qu'elle apparaisse dans les comptes administratifs. Notre responsabilité pouvant être engagée, nous prenons attache auprès d'un avocat qui nous conseille de déposer plainte auprès du procureur de la république.

L'omerta commence à s'installer, insidieuse, comme trop souvent en Corse. Nous n'avons aucun retour par rapport au questionnaire de la Commission européenne.

Nous préparons la plainte et notre conseil nous suggère de saisir conjointement les prud'hommes, ce que nous ferons quelques mois plus tard. La plainte pénale est déposée en décembre 2014 auprès du procureur de la République d'Ajaccio, Joël Thoraval pour « faux en écritures publiques et usage ». L'enquête préliminaire ne sera pourtant ouverte qu'un an plus tard.

Nous nous sentons également menacées, car les enjeux financiers sont énormes. Nous avons le sentiment d'avoir mis le nez dans une poudrière. Nous ressentons un malaise permanent, prisonnières d'un environnement hostile. Nous craignons réellement pour notre sécurité.

Les événements commencent à se précipiter quand notre dépôt de plainte fuite[1] en janvier 2015. J'ai le souvenir d'un conseil d'administration le 19 de ce mois de janvier. À la fin de la réunion à laquelle je participe avec la cheffe de l'aérien, le président évoque un article de presse qui relate notre plainte. La tension monte.

---

1. « Office des transports, à qui perd gagne », France 3 TV info, 13 janvier 2015.

Qualifiant l'article de « torchon », il affirme que l'office n'a rien payé des sommes litigieuses, qu'il démolira les personnes qui ont porté plainte sur la place publique et qu'il se fait fort de retrouver l'avocat qui a œuvré, aussi brillant soit-il.

Ce fut très violent. Nous avons craqué quelques jours après ce conseil d'administration.

Ma collaboratrice, Marilyne, n'est pas mieux lotie. Elle s'effondre quelques jours avant nous, après avoir découvert que des dizaines de petits exportateurs n'étaient pas payés. La CRC estimera ce montant à environ 10 millions d'euros. Le médecin du travail organise une réunion tripartite en présence du directeur, elle entendra le directeur déclarer : « L'une est partie à la retraite, l'autre va suivre et l'autre vous savez ce qu'elle vous a fait taper…, vous êtes au chômedu, vous êtes morte. » Le médecin du travail conclura la réunion en déclarant : « Si vous comptez reprendre le travail, faites en sorte que ce ne soit pas moi[1]. »

Le calvaire continue, interminable, usant, destructeur. Nous sommes placées en accident du travail.

Puis apparaît une éclaircie avec les élections territoriales qui portent en décembre 2015 les nationalistes au pouvoir. Nous vivons l'arrivée des nouveaux élus comme un soulagement, mais il fut de courte durée. Ma collaboratrice et moi-même reprenons le travail en janvier 2016, le nouveau président, Jean-Félix Acquaviva, nous explique avec un sourire : « Bien sûr vous retrouvez vos fonctions, mais à l'exception de

1. PV d'huissier sur la réunion du 13 février 2015.

l'avenant au contrat de DSP maritime et de la future DSP, ces dossiers ont été confiés à Jean-François Santoni pendant votre absence, il continuera de travailler dessus.» En effet, durant notre absence, ce monsieur a été recruté comme chargé de mission pour travailler sur les dossiers aérien et maritime.

Quelques mois auparavant il avait travaillé par le biais d'un cabinet d'étude parisien sur la DSP aérienne, période durant laquelle il ne donnera aucune suite aux observations de ma collègue cheffe du service aérien.

Par rapport à la mandature précédente, la situation va encore s'aggraver, Jean-François Santoni, désormais nommé directeur de l'OTC en remplacement de Francis Pian, ne daigne même pas répondre à nos bonjours. Il déclarera en conseil d'administration que le dossier maritime lui est «exclusivement réservé». Nous resterons deux années et demie sans aucun travail à effectuer, sans pouvoir accéder aux travaux du dossier maritime que nous avions nous-mêmes alimenté. Deux années sans plus pouvoir également accéder aux documents des conseils d'administration, aussi bien ceux à venir que passés.

Nous serons finalement interdites d'accès aux conseils d'administration, auxquels nous assistions depuis la création de l'office.

Nous avons néanmoins produit diverses notes au président afin de proposer des corrections aux projets.

Les frais de cabinet explosent, de nouveaux recrutements se font d'abord sans création de postes par le recrutement de CDD qui seront titularisés ensuite. Ça ne sera pas mieux lorsque l'OTC décidera après les remarques de la CRC de faire des appels à candidatures. Ainsi, la publicité pour le poste de chef du service aérien n'exigera aucune compétence consacrée par un diplôme, une expérience professionnelle, mais par contre il sera demandé la discrétion et de pouvoir travailler avec des cabinets d'études !

En maritime, la CRC relèvera que « le travail est assuré par un agent de catégorie C récemment recruté en CDD et qui n'exerce pas ses missions au sein de l'établissement ».

L'agent promu sous l'ancienne mandature responsable des ressources humaines et assurant de fait les fonctions de secrétaire général sera officialisé dans ses missions en dépit de nombreux arrêts maladie, voire accidents du travail intervenus sur cette période. Ce cadre n'en a pas moins l'expérience du social qu'il a acquise de par sa formation syndicale. En effet, il a occupé les fonctions de secrétaire départemental au sein d'un grand syndicat français. À ce titre, il siège au Conseil économique et social et, bien que juge et partie, n'hésite pas à intervenir pour appuyer les dossiers présentés par l'office des transports. Mieux, il rédigera un audit interne à la demande du nouvel exécutif qui aboutira au licenciement de Francis Pian[1], le directeur qui l'avait pourtant promu et dont il était le plus proche collaborateur.

En janvier 2018, l'ensemble des autres salariés, y compris des nouveaux employés que nous ne connaissons

1. La cour d'appel de Marseille relèvera la perte de confiance sur la base du rapport de la CRC pointant les affaires dites « du *Pélican* » (affrètement d'un navire supplémentaire), « du fourrage », et pour insuffisance dans la gestion des ressources humaines.

pas, adresseront une lettre sur papier à en-tête de l'office des transports à la présidente de l'OTC, selon laquelle nous induisons une « ambiance délétère » à l'office, faisant planer « des soupçons... », nous qualifiant même de « pseudo-lanceurs d'alerte autoproclamés ». Cette lettre sera produite par l'employeur à l'appui de ses conclusions auprès du conseil des prud'hommes. Deux témoignages contre nous seront également produits devant cette instance par les autres salariés.

Le constat qui sera fait par la CRC en 2018 d'évolutions de carrière hors normes et de recrutements sans création de postes confirmera nos craintes sur les méthodes bien particulières de gestion des personnels de la nouvelle direction. La CRC relèvera aussi des primes et astreintes versées sans fondements[1]. Le trésorier-payeur régional sera mis en débet pour ces faits, le conseil d'administration de l'OTC votera une remise gracieuse.

Heureusement, alors qu'un déferlement de haine nous accable, nous avons pu compter sur des soutiens indéfectibles. Je pense en particulier à des personnes au sein du syndicat des travailleurs corses (STC) et d'Anticor ; ils ont cru en nous, leur bienveillance et leurs conseils avisés nous ont été d'un précieux secours, nous leur en sommes infiniment reconnaissantes.

L'office des transports est transformé de fait en une coquille vide. Tout se passe loin des regards. La chambre régionale des comptes relèvera en 2018 que « l'essentiel des missions n'est plus assuré en interne »

1. Primes et indemnités d'agents de police municipale et d'élus.

et que « l'office délègue à des prestataires extérieurs les missions qu'il est censé assurer ».

Nous donnons une conférence de presse en mars 2017 en expliquant qu'on ne comprend pas la situation, car nous avons porté plainte sous l'autre mandature. Le bras de fer reprend : le nouveau président affirme que notre plainte va être classée ; son prédécesseur avait affirmé qu'elle était déjà classée, ce qui n'est pas le cas.

Un nouveau cap est franchi dans la dégradation de notre situation quand on nous propose un bureau cagibi à la collectivité de Corse (CDC), sans aucune mission, ce que nous refusons. Jean-Félix Acquaviva sort alors de ses gonds lorsqu'il nous demande de déménager et que nous refusons tant que des missions ne nous sont pas attribuées.

Après deux années et demie sans mission et après avoir rappelé au directeur qu'il devait « fournir le travail » au salarié, ma collaboratrice et moi recevons un e-mail. Pour l'une, il est demandé de numériser les archives d'avant 2015, pour moi, d'établir des statistiques durant la même période, travail que j'avais effectué jusqu'à ce que les données ne me soient plus transmises malgré mes demandes réitérées. Le rapport de la CRC m'apprend en outre qu'un agent a été recruté pour cette mission et qu'un cabinet d'étude vient d'effectuer le travail demandé. L'e-mail nous enjoint également d'assister à une réunion en présence du directeur et du secrétaire général, afin d'exposer les méthodes de travail.

C'en est trop, la direction cherche clairement à nous humilier. Il est impossible pour nous de nous asseoir à la table de l'agent qui a été la cheville ouvrière de notre processus d'éviction et d'un employeur qui n'a pas hésité à commettre un faux pour justifier devant les tribunaux que je n'avais pas donné suite à une demande de travail. En effet, il avait créé une adresse e-mail en rajoutant un « 1 » après mon nom de façon à ce que je ne reçoive jamais cette demande.

Nous sommes à nouveau arrêtées en maladie ; quelques mois plus tard, en janvier 2020, ma collaboratrice et moi-même sommes déclarées inaptes à nos postes par le médecin du travail avec la mention « Tout maintien dans l'emploi serait préjudiciable à sa santé ».

En dépit de la reconnaissance de notre statut de lanceuses d'alerte par les prud'hommes, nous avons été licenciées. Bien sûr nous contestons ce licenciement. Malgré une délibération de la CDC en date du 20 décembre 2019 relative à l'éthique et à la protection des lanceurs d'alerte, aucun reclassement ne nous a été proposé.

Nous nous sommes longuement interrogées sur les motifs d'un tel traitement. Le rapport de la chambre régionale des comptes portant sur les années 2010 et suivantes nous apporte une partie de la réponse. En effet, il apparaît dans le rapport que les irrégularités se poursuivent en 2016, la chambre relève notamment plusieurs manquements au droit et des jeux d'écritures comptables. À la suite du rapport de la CRC, la cour de discipline budgétaire est saisie, Francis Pian est renvoyé devant le tribunal correctionnel[1].

1. Francis Pian a comparu devant le tribunal correctionnel les 27 et 28 octobre 2020 aux côtés de Paul Giacobbi Thierry Gamba-Martini pour détournement de fonds publics et tentatives de détournement pour les affaires dites « du *Pélican* » et « du fourrage ». Le délibéré n'est pas connu au moment de la finalisation de l'ouvrage.

Et puis il y a eu la perquisition à l'OTC, au domicile des membres du consortium[1], qui porterait notamment sur l'achat par la collectivité de Corse de deux navires de l'ex-SNCM. Achat que la CDC a annulé dix-huit mois plus tard par une délibération qui précise qu'un cabinet d'étude avait déclaré que l'achat n'était pas pertinent en raison de la vétusté des navires et de l'évolution de la réglementation concernant les émissions de souffre.

Pour notre part, nous avions adressé au président de l'OTC en 2016 une note sur la reprise des actifs faisant état de la réglementation concernant les émissions de soufre, du risque de remboursement des aides illégales pesant sur les repreneurs d'actifs de l'ex-SNCM, et de la réglementation européenne. Celle-ci n'autorise pas dans le cadre d'une DSP l'achat d'actifs anciens. Nous préciserons dans la note que la Commission européenne autorise l'achat d'actifs neufs, car ils permettent d'améliorer le service dans le cas d'espèce.

Nous n'aurons aucun retour de la part du président, mais cette note sera qualifiée de « contre-projet de compagnie régionale » par le directeur général de l'OTC, lors de la seule réunion de service à laquelle nous avons été conviées durant cette période.

Alors que, d'après la presse, le repreneur se verrait reconnaître le bénéfice de la « discontinuité économique » par la Commission européenne sous certaines conditions, ces conditions ne seront pas remplies en raison, notamment, du lien maintenu avec la DSP[2].

1. Voir introduction.

2. Décision de la Commission du 1er mars 2017. L'obtention de la « discontinuité économique » permet au repreneur d'une entreprise

Concomitamment, l'office des transports a poursuivi jusqu'au Conseil d'État la demande de remboursement des aides illégales, introduite sous la mandature précédente avant la reprise de la SNCM. La décision donnant raison à l'OTC est tombée le 28 juin 2019.

L'obtention de la « discontinuité » par le repreneur de la SNCM aurait non seulement exonéré celui-ci du remboursement des aides mais également rendu inopérantes les demandes de préjudice de la compagnie maritime concurrente Corsica Ferries. En effet, la jurisprudence des instances européennes établit de façon constante que « le remboursement des aides illégales replace les opérateurs dans une situation antérieure à la distorsion de concurrence ».

L'Autorité de la concurrence a rendu un rapport très argumenté en octobre 2020. Nous avons pris connaissance de la proposition de légiférer afin que les besoins en service public de transport maritime soient élaborés par une autorité indépendante, ce qui confirme nos craintes que cette histoire masque d'obscurs intérêts privés, l'oubli des usagers, des résidents pris en otage par des tarifs exorbitants. Les Corses de condition modeste ne peuvent plus sortir de l'île. L'utilisation de la dotation de continuité territoriale n'est manifestement pas efficiente.

Ce que nous avons vécu témoigne de ce qu'est la Corse aujourd'hui. L'opacité, les pressions, une forme de dictature en somme, qui fait des ravages au sein de la collectivité et de ses satellites, comme le signale régulièrement la presse…

---

condamnée par Bruxelles au remboursement d'aides illégales d'être exonéré de ce remboursement.

7

Marie-France Antona :
« Si tu te crois à Lyon, il faut repartir »

Retraitée de l'enseignement supérieur, originaire de Frasseto, Marie-France choisit de retourner vivre à Ajaccio où elle découvre l'imbroglio des aides agricoles. Commence un véritable calvaire psychologique qui la conduit à retourner sur le continent où la pression se relâche.

Je vis ce retour en Corse comme une séquence de vie qui s'imposait à moi. Les incursions dans l'île durant les vacances ne suffisaient pas à expliquer ce phénomène d'attraction-répulsion que je ressentais. Tout cela me fascinait, mais en même temps naissait en moi un malaise ou, si vous voulez, une sorte de mal-être et je m'en explique.

Mes parents sont tous les deux originaires de Frasseto, dans le Taravo, au-dessus d'Ajaccio. Une terrible vendetta a divisé le village et les familles de mes parents ont été concernées. Une vendetta qui n'a démarré pour rien, une affaire de regards, de mots déplacés[1].

Ces événements tragiques ont créé une ligne de fracture invisible et durable dans le village. Le mariage de

1. Voir à ce propos René Franceschi, *Combats et souffrances d'un village corse : Frasseto 1770-1850*, éditions Poly Print.

mes parents n'a pas échappé à l'impact vivace de cette affaire ancienne, un siècle après le traité de paix signé le 4 octobre 1847. On leur reprochait de s'être aimés comme n'importe quels jeunes gens. Ils m'ont transmis inconsciemment la culpabilité de cette transgression et de la double appartenance.

Quand mes parents se sont mariés, tout a été fait pour qu'ils quittent le village. Ils ont été meurtris par ce déracinement, mais ils ont eu du mal à dépasser la loyauté à leurs camps respectifs. En étant toujours contraint de choisir, comme dans *Colomba*, la célèbre nouvelle de Prosper Mérimée, l'humain vit en permanence dans un état de conflit intérieur. Mes parents se sont donc retrouvés au Maroc, où je suis née. Nous y avons vécu quelques années, puis la famille est revenue s'installer près de la frontière suisse dans les années 1960.

Après quarante-cinq ans hors de Corse, mes parents décident en 1996, comme beaucoup d'autres avant eux, de passer leur fin de vie en Corse. Jusque-là, ils ne revenaient dans l'île que pendant les vacances. Ils revivaient à la fois l'attraction du retour à la maison dans la famille, la joie des retrouvailles avec la culture corse traditionnelle et la souffrance d'en avoir été privés toute l'année. Mon père, peu avant sa mort, pleurait encore d'avoir été contraint de quitter sa terre, son île, son paradis.

Mes frères et moi, nous avons baigné dans cet entre-deux. On parle corse à la maison, on nous inculque les valeurs corses, mais nous sommes élevés à la française. Nous devons nous intégrer en cherchant le point d'équilibre entre les deux cultures. Les personnes de cette génération ont peut-être une part de responsabilité dans ce qui se passera par la suite. Ils ont tellement investi dans leur carrière sur le continent que la Corse n'est devenue pour eux qu'une terre de ressourcement, une terre que l'on veut garder en l'état, comme « muséifiée ». C'est devenu pour nous un eldorado que nous avons idéalisé et mythifié.

Ils n'ont pas mesuré à quel point la Corse allait devenir comme partout ailleurs une destination touristique, à quel point elle allait être marchandisée. Figés dans leur nostalgie… ils ont ignoré les mutations mondiales qui menaçaient la Corse. Ils ont cru que la Corse était protégée par ses traditions et l'indivision par exemple. Alors qu'en réalité elle facilite la déshérence, la spéculation foncière ou agricole et l'accaparement à bas bruit. Quelque part, ils nous ont transmis cette naïveté, voire ce manque de discernement.

Dès l'enfance, j'étais fascinée par cette incroyable nature corse et je caressais le rêve de retourner vivre au village et de devenir une bergère diplômée (je voulais suivre une formation à la Bergerie nationale de Rambouillet). Mon père et ma grand-mère maternelle m'en ont dissuadée. Ils connaissaient très bien la vie dans les montagnes et souhaitaient mon émancipation par les études et l'autonomie financière. Ma grand-mère qui n'avait pas eu la chance d'être scolarisée avait été bergère très jeune. Pour elle, revenir à la terre était une régression. J'ai donc fait des études.

Au début des années 1970, j'entendais parler quand je venais en vacances de « baléarisation » de la Corse, de promoteurs, de spéculation, de sous-développement. Ces idées relayées par les communistes ou les régionalistes étaient marginales. On n'avait pas accès à l'information et sur le continent seule la légende corse avec tout son folklore prévalait. On ne parle pas encore de Riacquistu[1].

C'est une période où je m'éloigne de la Corse pour partir explorer d'autres continents. L'île, je n'y reviens qu'exceptionnellement pour les grandes occasions. Pour moi la Corse est devenue un peu l'Atlantide, la terre engloutie, ma petite madeleine de Proust.

À la suite de l'affaire d'Aleria[2], quand on parle d'autonomisme, je me méfie. Je découvre l'envers du décor de carte postale, la violence et la répression. Je suis trop engagée politiquement sur d'autres bases pour m'associer à ce mouvement même si je le trouve légitime et romantique. J'assiste à Lyon à un meeting des frères Simeoni organisé par la CSC[3]. Je découvre le groupe Canta u populu corsu. À l'époque, le nationalisme est plutôt une affaire d'intellectuels, d'étudiants. Dans les familles, on subit les événements. Je me souviens de la première nuit bleue à laquelle j'assiste à Ajaccio, je me suis réveillée en sursaut. J'ai demandé : «Que se passe-t-il?» On m'a répondu : «Ce n'est rien, ce sont des attentats», un peu comme le détective Palmer dans *L'Enquête corse*[4].

Il faut savoir que la Corse à la fin des années 1970-1980, c'est pire que l'Irlande du Nord. Règne ici une ambiance pesante d'état de siège. Et me voilà placée sur

---

1. Le Riacquistu désigne un mouvement sociopolitique destiné à se réapproprier culture et langue corses au cœur des années 1970.

2. Voir chapitre 1 sur Vincent Carlotti.

3. Cunsulta di i studienti corsi, le plus ancien syndicat d'étudiants corses.

4. Célèbre bande dessinée de René Pétillon qui donne lieu à une comédie interprétée au cinéma par Jean Reno et Christian Clavier.

le continent en position d'avocate de la Corse, rôle que j'assumais tant bien que mal. Nous n'étions pas informés en réalité. De la même manière que mes parents l'avaient été lorsqu'ils sont arrivés sur le continent, je suis systématiquement assignée à mon identité corse, c'est-à-dire au racisme anti-corse. Pas un jour sans entendre : «Tu n'es pas paresseuse pour une Corse», «Tu es honnête pour une Corse»! Les Corses de la diaspora sont régulièrement confrontés aux stéréotypes du fonctionnaire feignant, du voyou, du magouilleur et désormais du violent, du terroriste poseur de bombe, du raciste et de l'islamophobe.

Et sur l'île, ce n'est guère mieux. Quand je me rends en Corse on me range désormais parmi les «Corses de la diaspora». Avant, du temps des grands-parents, on disait *i nosci* («les nôtres»), signe que l'on faisait partie de la famille. D'autres étiquettes émergent. Le «Gaulois» remplace le *Pinzuttu*[1]. Le Maghrébin devient «Ahmed». Commence à s'installer une ambiance inconfortable. Je ne me sens plus à ma place. Quand je parle corse, on s'en étonne : «Tiens, tu sais parler corse!» Par réaction, par peur d'être toujours «corrigée», je ne m'aventure plus à pratiquer le corse. Je le comprends mais je ne le parle plus. Je suis heurtée par les scènes de violence, les attentats, les morts, les maisons détruites, les graffitis xénophobes. Je ne m'y retrouve pas même si je considère par ailleurs que l'attitude de la France face au «problème corse» est inappropriée et contreproductive.

1. Le *Pinzuttu* ou «le Pointu», en référence à l'accent des gens du Nord, particulièrement des Parisiens.

Dès cette fin des années 1970, qui constitue un tournant, le gouvernement aurait pu tout arrêter. En fait il n'a cessé de mettre de l'huile sur le feu en opposant la force au dialogue. L'histoire des terrains qui ont été donnés aux rapatriés au détriment des Corses est une injustice criante et une provocation. Mais, inversement, je trouve la réaction des nationalistes trop extrême. Elle ne correspond pas à mes idéaux démocratiques.

Quand je reviens au village pour les vacances, je ne supporte plus la pression morale exercée sur les femmes. Je suis très libre sur le continent et dès que j'arrive là-bas se produit une sorte de mise en condition. On me fait comprendre qu'une femme déshonore la famille si elle ne rentre pas dans les rôles obligés. Je suis toujours questionnée sur mon célibat. Pourquoi ne suis-je pas mariée, sans enfants ? Je me comporte mal en somme car je suis une femme libre. Libre d'aller où elle veut, de mener sa vie comme bon lui semble.

Au fond de moi, je pense que ma grand-mère m'a incitée à me libérer de cette emprise machiste. J'enseigne la linguistique et la communication à l'université Lyon 1 et à l'IEP. Mais quand je reviens en Corse, c'est terminé, je repars dans le passé, je régresse dans une ambiance conservatrice à la Mérimée. Ma parole de femme compte peu.

Le retour de mes parents en Corse est, à ce titre, révélateur. Mon père, militant politique, tiers-mondiste, syndicaliste, juge prud'hommes, plutôt libéral et librepenseur a renoué avec un conservatisme archaïque. Ma mère, qui avait été une commerçante hyperactive, s'est retrouvée isolée, étouffée dans une île prison.

J'ai le souvenir amer de l'été 2010. Je fais un burn-out, car je travaille beaucoup trop sur le continent et viens me reposer au village. Mon père me prend à partie. Il se comporte à mon égard comme un patriarche d'un autre âge : « À partir de maintenant tu vas m'obéir jusqu'à mon dernier souffle car tu n'es pas mariée ! » J'ai cinquante-cinq ans. Je lui dis en rigolant : « OK, Ben Laden ! » Il n'a pas apprécié. J'ai pris mes distances.

En 2013 et 2015, je perds mes deux parents et me sens orpheline, comme suspendue dans le vide, déracinée. Je choisis de racheter leur appartement d'Ajaccio pour me rapprocher de la famille, de mes racines. Je voulais trouver enfin ma place dans la communauté corse, animée par une sorte de fantasme de renaissance par les origines familiales. J'ai été élevée dans la religion de la famille. Elle est particulièrement vivace à l'occasion des décès et des enterrements, qui sont des temps forts de la vie communautaire de l'île.

À la retraite, en 2016, je décide donc de m'installer à Ajaccio avec le fantasme de garder la famille unie, avec la fausse certitude que l'on a besoin de moi, que l'on m'attend, en somme. Nous nous situons dans une période charnière, celle où les nationalistes arrivés au pouvoir fin 2015 prennent le contrôle de la collectivité territoriale. Ils avaient de beaux projets, une sorte de nouveau Riacquistu.

Edmond Simeoni disait dans les réunions estivales de Corsica Diaspora[1] que les Corses de l'extérieur devaient rentrer pour se mettre au service du projet corse, d'une

1. L'association des Corses de l'extérieur, Corsica Diaspora, a été créée par Edmond Simeoni en vue de fédérer les Corses disséminés de par le monde.

Corse pionnière, censée étonner le monde. On me disait : « Tu en as assez fait pour les immigrés de Lyon[1], maintenant il est temps d'œuvrer pour ta communauté. » Mais mes références à moi, le terreau où je m'épanouis, c'est justement Lyon, l'université, le débat public, les quartiers, les communautés, l'ouverture, le dialogue, la créativité sociale, l'intelligence collective, la culture, l'altérité, les voyages.

Je déplore en revanche en Corse l'absence d'espace public, de discussion, de réel dialogue. Je m'installe à Ajaccio, je suis sidérée par l'absence de consultation de la population sur tous les projets concernant sa vie quotidienne. Tout se décide sans consulter les citoyens à quelques exceptions près. Nous sommes des contribuables ou des électeurs, mais pas des citoyens. Je paie mais je n'ai rien à dire sur les affaires de la cité. La frustration est énorme. Je constate simplement qu'à Lyon le pouvoir d'agir des habitants, des associations est davantage favorisé et respecté.

J'essaie naturellement de me lier avec des associations, des collectifs, mais je constate souvent un fonctionnement verrouillé et très vertical. La scénographie frontale des réunions en Corse est représentative de cette hiérarchie. On se croit toujours dans un tribunal. Il y a des gens placés sur une tribune qui parlent et d'autres assis qui écoutent. C'est une mise en scène : d'un côté ceux qui savent et qui parlent, de l'autre le public qui écoute, passif. Cette absence d'interactivité,

1. Militante associative très active à Lyon, Marie-France Antona œuvre dans un quartier ancien populaire pour l'intégration des populations les plus modestes issues des immigrations.

de coconstruction, me dérange. Je n'arrive pas à trouver ma place là-dedans et d'ailleurs on ne tient pas à ce que j'y prenne part. On ne manque pas de me le rappeler : « Ici, c'est la Corse. Si tu te crois à Lyon, il faut repartir. Tu n'as pas les codes. »

Par ailleurs, je remarque l'absence de presse libre, de réel contre-pouvoir. Tous les médias officiels contribuent à la construction d'un discours homogène et consensuel sur la société corse. Hormis sur les réseaux sociaux ou dans quelques associations, on entend peu de discours alternatifs ou discordants. Ils sont ostracisés et rendus inaudibles. Une dictature de la pensée unique s'installe. Quand le leader du groupe I Muvrini, Jean-François Bernardini, signale que la société corse souffre d'un système de communication polémique, binaire, il a raison. D'où l'importance de développer une communication non violente.

Le plus grave est de constater qu'assez naturellement les gens tiennent un double, voire un triple discours. Ils font exactement le contraire de ce qu'ils disent. La parole n'est jamais totalement sincère. Et puis je déplore ce besoin de toujours signifier son appartenance ethnique et familiale. M'exprimant sans accent insulaire, je dois sans cesse me justifier. Si j'étais entrée dans un certain fonctionnement, dont celui de surjouer l'accent ajaccien et d'adopter les fameux codes corses, mon intégration se serait probablement mieux déroulée.

Je suis en outre gênée, choquée, par l'invisibilité des étrangers dans l'espace public du centre-ville. Il y a une forme de mise à l'écart des immigrés, relégués à la périphérie. Pour moi le Maghreb fait partie de mon histoire. J'y suis née, j'en suis restée proche.

Tout le monde se plaint ouvertement de la mafia, des voyous, des détournements, des élus, de la corruption, de l'état de déliquescence de la société. Quand on dit « omerta », c'est risible. Tout le monde est au courant de tout et les gens parlent beaucoup, donnent des noms...

Fin 2016, des rumeurs nous alertent sur des dysfonctionnements dans les déclarations de surfaces des agriculteurs insulaires. Un nouveau système a été mis en place en 2015 dans le cadre de la politique agricole commune. Des éleveurs surdéclarent des terres sans l'autorisation des propriétaires et sans contrôle de la direction départementale des territoires et de la mer (DDTM[1]) pour toucher des subventions européennes. J'en parle avec un membre d'Anticor qui enquête sur ces pratiques répandues en Corse.

En consultant les données accessibles à tous sur Internet, je remarque que les sommes touchées par les uns et les autres sont disproportionnées et injustifiées. C'est vraiment énorme qu'autant d'argent public soit versé sans contrôle alors qu'il pourrait être mis au service d'un véritable projet de développement agricole et d'une autonomie alimentaire de qualité.

Jusqu'à quel point l'État et l'Europe sont-ils complices d'un système absurde et dangereux à terme puisqu'il

1. La DDTM ou direction départementale des territoires et de la mer est un service de l'État déconcentré et placé sous l'autorité du préfet et de ministères qui regroupe plusieurs entités, dont le service de l'économie agricole et la direction départementale de l'équipement.

favorise l'accaparement des terres ? On constate dans certains pays d'Europe les mêmes dérapages.

Je note que la préfète de l'époque, Josiane Chevalier, a refusé de se positionner clairement par rapport à ces questions alors qu'Anticor avait levé publiquement le lièvre des primes en déposant plainte et en saisissant les instances européennes. La préfecture a botté en touche. Il est clair que les services de la DDTM, par leur passivité, laissent perdurer cette situation.

Sur Internet, on peut voir les sommes versées, le détail des dossiers, le nom des familles qui se partagent le gâteau. On constate le décalage entre les déclarations et les faits. La montagne est livrée aux mains de quelques-uns. Face à cette situation symbolique (on touche à la terre des ancêtres), tout le monde s'indigne et peu agissent. Pourquoi une telle passivité ?

Quand tu es propriétaire et que tu souhaites empêcher la déclaration de tes parcelles par des tiers, la démarche est plus compliquée que celle des éleveurs, qui peuvent surdéclarer sans justificatifs. C'est le monde à l'envers. Les agriculteurs sont-ils aidés dans leurs démarches techniquement difficiles et par qui ?

Face à ces constats, que faire ? Informer les propriétaires de terres agricoles, s'organiser pour faire valoir nos droits, se taire. En Corse, on balance sans cesse entre critique, démoralisation et abandon par crainte des représailles. La culture de l'intimidation prédomine.

En mai 2019, une journaliste du JT de France 2 me contacte. Aucun propriétaire concerné par les surdéclarations n'accepte de témoigner dans son reportage de cinq minutes. Je saisis l'opportunité de témoigner à visage découvert (elle m'a proposé de flouter mon visage et de modifier ma voix). Je décide de profiter de l'audience nationale du JT du soir pour sensibiliser les Corses de l'extérieur, souvent propriétaires indivisaires de terrains déclarés sans leur autorisation. Je pense naïvement qu'ils vont ouvrir les yeux sur ces détournements d'argent public et faire barrage à cette dérive.

Les propriétaires ont le pouvoir d'agir. J'explique en détail la situation à cette journaliste pétrie de bonnes intentions qui a bien des difficultés à maîtriser ce sujet fort technique. Elle construira son reportage sur des éléments secondaires, ce que je vais déplorer. Le fond de ma pensée, c'est que capter les subventions européennes est un vrai business. Dire qu'il y a une dérive mafieuse en Corse, c'est avant tout constater que l'État a laissé faire. Comme tout citoyen lambda, je n'ai jamais déclaré quoi que ce soit sans le justifier. Pour quelques dizaines d'euros d'erreur, les contrôles sont implacables.

De très grosses sommes sont en jeu avec les aides européennes. Des personnes qui touchent 800 000 euros par an, ce n'est pas rien. Derrière tout cela, *quid* du développement agricole de la Corse ? Quelle agriculture ? La journaliste qui m'interviewe m'explique que ce niveau de dérive frauduleuse n'est atteint qu'en Corse.

Après la diffusion de l'interview, des personnes sont venues me voir pour me féliciter. On me dit : « Tu as des couilles. Tu es courageuse. » Je réponds : « Non, je ne fais rien d'exceptionnel, je dis simplement la vérité. »

Je ne crois pas que la plupart des propriétaires se soient opposés à la déclaration de leurs terrains.

Il appartient au propriétaire d'aller vérifier auprès de la DDTM que ses terres ne sont pas déclarées par des tiers et ensuite de s'y opposer. Cette démarche a pu paraître complexe aux personnes âgées en grande précarité administrative ou numérique et aux propriétaires indivisaires, souvent dispersés. Ils ont découvert la combine après coup. Alors la combine continue.

Insidieusement, il y a un accaparement et une financiarisation de la terre, qu'il s'agisse de fraude aux aides agricoles ou de spéculation immobilière et ça, c'est un terreau typiquement mafieux. Auparavant les terres étaient louées aux agriculteurs dans le cadre des baux ruraux. Bizarrement, dès 2015, de nombreux baux ruraux ont été dénoncés.

À quoi joue donc l'État? Pour moi l'affaire des fraudes aux déclarations de surfaces est une porte d'entrée concrète pour mobiliser la population corse sur un enjeu majeur. Ce n'est pas un fait divers, du folklore. Il y a là des questionnements importants en matière de projet de développement de l'intérieur, de respect de la terre, d'autonomie alimentaire, qui devraient faire l'objet d'un grand débat public. Je constate que pour beaucoup, c'est le *lascia corre*, le « laisser-faire ». Je n'ai pas envie d'avoir des ennuis, alors je me tais. Et à terme, c'est la « murtolisation[1] » de la terre corse.

1. Marie-France Antona fait référence ici au domaine de Murtoli, situé à l'extrême Sud de la Corse, objet d'une polémique sur la façon dont le propriétaire s'est approprié des dizaines d'hectares pour édifier un complexe touristique de luxe. Voir chapitre 8 sur Anne de Carbuccia.

Quand je veux pousser le débat plus loin, hors des sentiers battus du discours dominant, on me répond : « Mais tu ne connais rien à la Corse ! »

Du fait de l'action d'Anticor et de la réaction de l'Europe, qui a ordonné une enquête, les éleveurs ont fini par perdre beaucoup dans cette histoire[1]. Ils ont alors manifesté pour avoir le soutien financier de la CTC, qui s'est rangée à leurs côtés.

En regardant certains agriculteurs défiler devant la préfecture d'Ajaccio et se victimiser, je me dis intérieurement que je n'ai plus rien à faire en Corse. Je passe à l'acte sur-le-champ. Fin 2019, je quitte l'île. Il était temps car j'avais développé une maladie auto-immune. J'ai compris avec le recul que j'ai somatisé devant cette insupportable pression insulaire. À la surprise des médecins, mes symptômes se sont atténués spontanément au bout de quelques mois à Lyon sans traitement particulier.

J'ai compris que la Corse était pour moi synonyme d'isolement, d'impuissance, de silence. Jamais je n'aurai la possibilité de m'exprimer librement sans autorisation. J'ai donc tout quitté pour fuir ce qui était devenu un enfer relationnel, l'exil intérieur.

Au début je reconnais que j'ai cru au discours de la majorité, au pouvoir de la CTC. Je pensais qu'ils

1. La famille du directeur de la chambre d'agriculture, Jean-Dominique Rossi, est ainsi épinglée par la justice pour avoir perçu 1,4 million d'euros sur trois ans. Plusieurs de ses biens ont été saisis à titre conservatoire par l'Agrasc, l'organisme national chargé des avoirs criminels. Les investigations démontrent que l'argent des aides était réinvesti dans des opérations immobilières. (« La justice frappe la criminalité organisée au portefeuille en Corse », Julian Mattei, *Corse-Matin* du 15 septembre 2020.)

allaient renouveler la politique verrouillée par des décennies de clanisme et de clientélisme. J'ai déchanté en vivant en Corse. J'ai été trop souvent confrontée, sous couvert de défense de l'identité corse, à des discours d'exclusion, xénophobes, discriminatoires. La militante associative que je suis n'a pas trouvé d'espace en Corse pour exister et s'exprimer.

Je suis retournée au village durant l'été 2020, je n'ai pas vu grand monde. J'ai contemplé un Frasseto endormi dans lequel tout le monde se méfie des mafieux, à qui l'on prête des pouvoirs insoupçonnés. L'intimidation produit des effets paradoxaux. Courage, inconscience, témérité, peur, lâcheté, prudence ? À de rares exceptions près, la peur l'emporte et cela renforce la peur.

Au village on m'a dit : « Tu pars parce qu'on t'a menacée ? » J'ai répondu : « Non, je pars car je n'ai plus ma place ici. »

8

Anne de Carbuccia : « On va tuer votre chien »

En 2001, l'artiste fait l'acquisition d'un fortin au cœur du hameau de Murtoli. Récit d'une guerre sans merci avec un certain Paul Canarelli.

Je suis issue d'une vieille famille corse installée à Bastia depuis le XVIe siècle. Elle compte d'anciens maires, un député, un général, des officiers militaires et de nombreux avocats. Même si les Carbuccia ont déplacé leurs activités sur le continent – je suis moi-même née aux États-Unis –, j'ai gardé cette identité insulaire ancrée en moi. Bien que je réside en Italie, j'ai des attaches corses fortes et identitaires, je me rends fréquemment dans l'île pour me ressourcer, retrouver mes racines et m'occuper des affaires de famille.

En 2001, j'ai le souhait d'acquérir ma propre propriété en Corse. Et comme tout le monde je consulte les magazines spécialisés. Je suis séduite par une annonce de vente d'un corps de bâtiment ancien de type médiéval situé près d'une plage magnifique. Mon échange avec l'agent immobilier m'apprend que le bien se trouve à Murtoli, un hameau situé sur la côte ouest, entre Pianottoli et Sartène. Durant toute mon enfance j'ai été bercée par l'histoire de Murtoli. Ma grand-mère m'a souvent raconté la beauté de cette région sauvage et l'amusante aventure de nos cousins propriétaires des murs d'une des trois maisons mais non des terrains. Une affaire d'indivision à la corse !

Je demande à mes parents, qui résident sur l'île une partie de l'année, de se rendre sur place pour identifier la maison. Ils rencontrent alors le vendeur du bien, Paul d'Ortoli. Ce dernier est, comme on dit là-bas, un «petit parent», un cousin éloigné qui souhaite vendre pour éviter des problèmes d'indivision au sein de sa propre famille. La maison est limitrophe à celle de la famille, je ne pouvais pas rêver mieux ! À l'époque, on ne parlait pas encore du «domaine de Murtoli», devenu depuis le lieu de villégiature privilégié de célébrités comme Leonardo Di Caprio, de politiques, à l'image de Nicolas Sarkozy, et plus largement d'une riche clientèle venue se dorer la pilule à l'abri des regards et loger dans de fausses bergeries louées à prix d'or[1].

En 2000, il n'y avait apparemment sur place que trois maisons. Deux d'entre elles étaient gérées, l'été, par

1. Dans une enquête publiée en août 2011, «Murtoli, les bergeries de la Sarkozie», la journaliste du *Monde* Ariane Chemin, décrit ce domaine de 2200 hectares dont 6 kilomètres de côte : «À l'intérieur des gîtes de luxe perdus dans le maquis, des patines à chaux, des chevets en marbre, des interrupteurs en porcelaine [...]. Autour de chaque bergerie une piscine à débordement fondue dans le maquis, un spa sur la roche, une cuisine d'été. Le tout à trente kilomètres du premier village, mais avec un service cinq étoiles [...]. Des concerts de violoncelle sur la plage, les soirs de pleine lune, aux massages prodigués entre les roseaux, sans oublier la table (des grands crus insulaires accompagnant les plats de terroir raffinés servis au domaine) : rien n'est laissé au hasard.» Le chiffre d'affaires en 2019 est estimé à 9 millions d'euros.

l'hôtel Cala Rossa, qui appartient à la famille Canarelli. Paul d'Ortoli et sa propre famille, tous très présents, étaient les propriétaires terriens historiques de la zone. Il est important de dresser ici l'état des forces en présence.

Celui avec lequel je ne suis pas encore en conflit, Paul Canarelli, s'est installé sur place plus tard. Il édifie ses fameuses bergeries sur des terrains, semble-t-il, en indivision. Selon le cadastre, les terres du fameux domaine de Murtoli relèvent d'une indivision de diverses branches de la famille Canarelli et d'autres familles du Sartenais. Le seul patrimoine non indivisé sur le site est donc ma maison et les 50 hectares de terrains attenants.

Nous séjournons sur place avec ma famille et nos amis pendant cinq années sans aucun problème. Paul d'Ortoli et sa femme étaient d'ailleurs toujours présents, heureux que la propriété soit demeurée « dans la famille ».

Au bout de cinq ans, j'adopte un chien qui se rend un jour en fin d'après-midi sur la plage pour courir sur le sable et se jeter dans l'eau claire comme du cristal. Cette présence irrite un plagiste, qui m'apostrophe : « Votre chien n'a pas le droit de se rendre sur la plage ! » C'est tellement ridicule que je ne tiens aucun compte de ses injonctions. Alors le ton monte et le plagiste menace : « On va tuer votre chien s'il redescend. » En un instant, mon sanctuaire de quiétude s'écroule.

Mon mari contacte Paul d'Ortoli pour demander des explications. Nous apprenons que l'hôtel Cala Rossa vient de céder la place à la SARL Murtoli, appartenant aussi à Paul Canarelli. Ce dernier avait alors dû fermer sa célèbre boîte de nuit, le Via Notte de Porto-Vecchio.

Mon mari, Paul d'Ortoli et Canarelli auront par la suite un rendez-vous qui tournera fort mal. Canarelli arrive flanqué d'un garde du corps. La conversation dérape rapidement : « Ici vous n'êtes pas chez vous[1]. » Nous avons été, disons-le, fort choqués. D'Ortoli tente sans succès de le calmer. Suite à cet incident, Paul d'Ortoli m'implore de me rendre à Ajaccio pour « calmer le jeu », ce que j'accepte. Les jours qui passent deviennent des semaines. Le malheureux d'Ortoli m'appelle à bout de nerfs et choqué pour m'informer qu'il a pris, dit-il, un « calibre dans la bouche ». Nous comprenons qu'il ne peut plus rien faire. L'homme est terrorisé.

Malgré ce climat tendu nous cherchons une solution amiable. Tout est tellement brutal et surréaliste. Je ne suis pas préparée à ce type de violence, à ce « far west » dans l'extrême Sud, qui porte bien son nom. Personnellement, je suis une adepte de la non-violence. Alors, devant la tournure prise par les événements, je tente de calmer les choses. J'appelle ainsi Camille de Rocca Serra pour trouver une solution pacifique[2].

1. Rencontré par l'auteur en 2008, Paul Canarelli affirmait alors que la maison avait été vendue en fraude de ses droits et qu'il pensait qu'elle avait été louée par Paul d'Ortoli à Anne de Carbuccia et son mari, et non cédée. Le restaurateur se prévalait d'un supposé bail verbal conclu entre son père et Paul d'Ortoli et du paiement prétendu d'un loyer. Mais l'argument juridique n'a pas convaincu les tribunaux.

2. Ancien homme fort de la droite dans le sud de l'île et ex-président de l'assemblée de Corse, Camille de Rocca Serra sera longtemps maire de Porto-Vecchio à la suite de son père, Jean-Paul, une figure de la vie politique surnommée « le Renard argenté ».

Tout un tas de personnes interviennent à notre demande pour jouer les médiateurs et c'est bien là le problème. Paul Canarelli perçoit ma volonté de paix comme un signe de faiblesse.

Du coup, il se croit tout permis en prenant brutalement possession de ma maison. C'est d'une violence inouïe : je n'ai plus la possibilité de pénétrer dans le domaine, ma carte d'accès électronique est démagnétisée.

Débute pour nous une période très éprouvante. Nous apprenons que non seulement Canarelli s'est emparé du fortin, mais qu'il y effectue des travaux. C'est un coup terrible. J'adore cette maison. Je l'ai aménagée en respectant son histoire. J'apprends avec effroi qu'il est en train de tout casser à l'intérieur. Mes affaires personnelles sont encore dedans, notamment les nounours de mes enfants.

Je ne souhaite à personne de vivre ce que nous avons vécu. Notre adversaire a arraché les vitres anciennes, cassé tous les sols pour installer un chauffage. Il a fêlé les voûtes de cette belle bâtisse que j'avais préservée dans son style XVIIe. Désormais, elle est transformée en un vulgaire mas provençal sans aucun respect pour son histoire.

Nous comprenons rapidement qu'il est inutile de chercher plus longtemps une solution amiable. La seule option non violente passe par des procédures judiciaires. Nous avons intenté une première procédure pour reprendre possession de notre bien. Entre-temps, Paul Canarelli n'hésite pas à changer les serrures et installe des locataires. Des gendarmes mandatés à la suite de notre plainte – nous y reviendrons – découvrent ainsi qu'en 2008 la maison est occupée par les propriétaires d'une célèbre brasserie parisienne totalement ignorants de la situation.

Auparavant je m'étais rendue dans la maison en travaux accompagnée d'une amie. Nous venions pour tenter de trouver un compromis. Canarelli est inflexible. Il semble très stressé et estime que cette enclave doit lui revenir de droit. L'accord qu'il me propose est de lui céder la nue-propriété, conservant moi-même l'usufruit[1]. Il semble obsédé par l'idée qu'il « doit être propriétaire ». Il me dit : « Je suis ami avec les gens du Nord[2], des nationalistes, je ferai sauter la maison si vous ne cédez pas. »

Quand il m'a proposé cet accord sur l'usufruit, j'ai fait un choix en disant « non » : accepter, c'était tourner le dos à ma « corsitude », à ma dignité. La solution de facilité aurait été de vendre, d'aller m'installer ailleurs. Mais lâcher Murtoli dans de telles conditions, c'était

1. L'usufruit est le droit d'user d'un bien sa vie durant. Au décès de l'usufruitier, le nu-propriétaire entre en possession de la pleine propriété.

2. Il est clairement fait référence ici à la Brise de mer. Paul Canarelli ne cache pas sa proximité et son amitié avec l'un des caïds de la Brise, Richard Casanova. Il est le parrain de l'un des fils de ce dernier. Casanova est présenté comme l'un des bailleurs de fonds de Canarelli pour le développement de son domaine. On lui prête également de gros investissements dans la discothèque Via Notte. Lors de l'assassinat, en 2008, de Richard Casanova à Porto-Vecchio, les policiers découvrent un badge d'accès au domaine de Murtoli niché dans le pare-soleil de la Porsche Cayenne de la victime. Le successeur et fondé de pouvoir du clan, Jean-Luc Germani, et son épouse, Sandra, sœur de Casanova, séjournent régulièrement sur le site (voir l'article d'Ariane Chemin, *op cit.*). En novembre 2020, le parquet de Paris requiert le renvoi en correctionnelle de Paul Canarelli pour « recel de malfaiteurs » pour avoir hébergé Jean-Luc Germani durant sa cavale entre 2011 et 2014.

aussi quitter la Corse. Cette idée m'était insupportable. Mes filles ont en effet passé toute leur petite enfance là-bas. Murtoli, c'est un grand morceau de notre histoire. Et, à mon tour, j'avais envie de pouvoir, un jour, raconter une histoire corse à mes petits-enfants.

Un vieux Corse plein de sagesse, qui me conseillait, me dit : « Ce qui est important, c'est de tenir le coup physiquement. » Sur le moment, je n'ai pas compris son allusion. C'est seulement bien plus tard que j'ai saisi combien il avait raison. On peut avoir toute la détermination du monde pour affronter une épreuve, on en subira toujours des répercussions physiques. Pour avoir la force de se battre contre une injustice, il faut aussi apprendre à se ménager.

J'ai eu le sentiment à un certain moment d'être abandonnée par le système républicain. En revanche, j'ai rencontré beaucoup de soutiens en Corse, à commencer par des gens qui ne me laissent pas payer dans leur commerce, comme pour me remercier de résister ainsi à cette pression que l'on peut qualifier, tout du moins dans son mode opératoire, de « mafieuse ». J'ai même reçu de nombreux soutiens officieux de membres de la famille Canarelli. Cela me donna beaucoup de force. En Corse, je n'étais pas seule.

J'ai découvert un monde très glauque. D'Ortoli a subitement disparu de la circulation. Une partie de l'indivision a basculé dans le camp Canarelli. Le système m'a mis des bâtons dans les roues, la justice, les gendarmes, les services de l'État. Personne n'a bougé, personne n'a rien fait. Je rappelle que toutes les constructions édifiées par Canarelli le sont dans un site classé. Plus je m'enlisais dans les procédures légales, plus il s'appropriait Murtoli. Non seulement l'État me laissait seule, mais semblait protéger mon adversaire.

À dire vrai, si elle apparaît complexe d'un point de vue juridique, toute cette histoire est bien plus simple qu'elle en a l'air. Cette anomalie urbanistique est due au fait que nos gouvernants aiment bien s'encanailler en Corse. Un système s'est développé où l'on peut s'acheter l'amitié des puissants pour pas très cher. De la bonne bouffe, du bon vin, la mer et l'air du large suffisent à obtenir d'eux des soutiens non négligeables. Autrefois, l'élite allait s'amuser à Montmartre avec les mauvais garçons corses, maintenant elle vient à Murtoli.

J'ai eu pas mal de réflexions très parisiennes, d'un air très supérieur : «Mais qu'est-ce que tu fous là-bas ?» Autrement dit, à quoi bon me pourrir la vie avec cette affaire ? Avec les habituelles saillies anti-corses : «Laisse tomber la Corse, ils méritent ce qui leur arrive.»

Et c'est vrai que le combat judiciaire a été harassant. J'ai gagné en bout de course tous mes procès, certains en Corse – les procès civils –, d'autres à Paris – le procès pénal –, mais nous avons été contraints de délocaliser cette procédure pénale sur le continent tant la justice pénale locale nous a semblé sous influence. Deux décisions des juridictions d'instruction de Corse (le juge d'instruction d'Ajaccio et la chambre de l'instruction de la cour d'appel de Bastia) nous ont été en effet clairement défavorables alors que tout accablait Canarelli. Ma force stratégique étant de ne pas vivre en Corse. Je n'ai pas de vaches qu'on peut décapiter pour me faire peur. À dire vrai, Canarelli et ses amis ne pouvaient pas plus mal tomber.

Toute une machine était en route pour me faire basculer. Je pense à l'intervention étrange de la société d'aménagement foncier et d'établissement rural (Safer) de Corse. On peut s'étonner que cet organisme chargé de préempter des terres à vocation agricole se soit mobilisé à ce point pour faire annuler la vente pourtant totalement légale entre Paul d'Ortoli et moi-même. La Safer est même allée jusqu'en Cour de cassation pour finalement être déboutée. Tout ça aux frais du contribuable !

Je tiens par ailleurs à revenir ici en détail sur l'attitude extrêmement problématique des gendarmes dans cette affaire. D'abord j'ai constaté que les militaires de Sartène n'ont dans un premier temps donné aucune suite à la plainte que j'ai déposée entre leurs mains en 2007. J'y faisais état des menaces proférées contre moi par Paul Canarelli. Un an plus tard, cette même brigade a été saisie d'une enquête préliminaire après que j'ai sollicité le procureur d'Ajaccio José Thorel. Mon audition s'est déroulée dans des conditions assez étranges où le militaire m'a signalé qu'il pourrait me mettre, moi, en garde à vue ! Tout s'est passé dans une ambiance extrêmement grossière et machiste. Je m'attendais à tout moment à être traitée de sorcière !

Mais le plus grave était à venir. Alors qu'ils sont saisis le 22 mai 2008 par le procureur Thorel d'une demande d'apposition de scellés sur la bâtisse, les gendarmes ne vont s'exécuter que quarante-huit jours plus tard, soit le 10 juillet. L'explication est simple : la maison était occupée à cette période par des locataires de

Paul Canarelli. J'ai donc saisi la justice pour faire condamner l'État, ce que j'ai obtenu, fait extrêmement rare, le 1er février 2010 devant le tribunal d'Ajaccio, recevant 15 000 euros de dommages et intérêts. L'État est condamné pour la faute lourde d'une brigade de la gendarmerie territoriale. Le plus étonnant étant que l'agent du Trésor, à l'appui de sa procédure en appel de cette décision, a affirmé que les gendarmes auraient reçu des contre-ordres du parquet d'Ajaccio et subi des interventions d'élus locaux auprès du préfet de région en faveur de Paul Canarelli[1]...

Mais l'inertie des militaires ne s'arrête pas là. Nous nous rendons, mon mari et moi, sur place le 26 mars 2009 pour procéder avec un huissier à un certain nombre de constatations sur les dégradations opérées sur notre maison après notre « expulsion ». Nous sommes bloqués ce jour-là durant plusieurs heures sur le chemin d'accès de Murtoli. Un tracteur et un gyrobroyeur sont placés en travers de la route. Nous alertons les gendarmes, qui n'ont alors opéré aucune audition, ni aucune procédure de flagrance, pour contrôler la prétendue panne du véhicule manifestement placé pour nous barrer l'accès.

Saisie d'une plainte pour séquestration relativement à cet incident, la gendarmerie a traîné des pieds pour rendre *in fine* un rapport inepte et creux. De même, les militaires saisis sur l'extorsion et les vols d'objets

1. Tout le gotha de l'UMP passe à l'époque par le domaine de Murtoli. Nicolas Sarkozy et Carla Bruni y passent toute une partie de leurs vacances. Sans oublier la classe politique corse. C'est *the place to be*. Mais cette fois-ci, la justice, en l'occurrence la cour d'appel de Bastia, confirme le 30 mars 2011 le jugement du 1er février 2010.

mobiliers sur commission rogatoire d'un juge d'instruction n'ont strictement rien fait.

J'estime que le comportement incompréhensible de la gendarmerie de Sartène pose la question de savoir si elle a agi sur sa seule initiative ou sur l'injonction d'une autorité supérieure.

Il n'en demeure pas moins que courant mars et avril 2008, la gendarmerie a tout de même été contrainte de procéder à des constatations par transport sur les lieux et reconnaissance aérienne héliportée pour relever de nombreuses infractions, dont des travaux d'aménagement de la crique de Murtoli avec acheminement de sable prélevé sans autorisation sur la plage voisine d'Erbaju. Même cette plage mythique, dont les dunes sont la résidence d'une faune et d'une flore exceptionnelles, subissait l'invasion cruelle et destructive.

La gendarmerie constate également des travaux de construction de maison et de piscine sur le site, ainsi que des modifications du chemin d'accès à la tour de Murtoli, travaux formellement proscrits depuis le classement du site en espace boisé remarquable, le 2 juillet 2007.

Je note que le parquet d'Ajaccio n'a ici donné aucune suite pénale aux infractions ainsi relevées. Je ne peux que m'étonner d'ailleurs du comportement du parquet, qui, après avoir provoqué la mise en examen de Paul Canarelli, rend un réquisitoire de non-lieu en janvier 2011 des faits de vol et dégradation du bien d'autrui.

Après l'échec de nos recours devant les juridictions corses, c'est finalement la chambre criminelle de la Cour de cassation qui fait droit aux arguments que mes avocats soulèvent devant la haute juridiction. Dans un arrêt rendu le 11 juin 2013, la cour casse toutes les décisions précédentes. Du coup, Paul Canarelli est de nouveau mis en examen et renvoyé en septembre 2018 devant la 10e chambre correctionnelle du tribunal de Paris, qui le condamne pour des faits de vol, dégradation ou détérioration d'un bien appartenant à autrui, violation de domicile à l'aide de manœuvres, menaces, voies de fait ou contrainte. Cette condamnation sera plus tard alourdie par la cour d'appel de Paris[1].

Depuis, le conflit s'est relativement aplani. Nos dommages et intérêts sont encaissés et nous avons retrouvé l'accès à la propriété. Ce que nous avons découvert dans la maison était effroyable. Tout l'intérieur a explosé du fait d'un dégât des eaux provoqué par les travaux réalisés à mon insu par Paul Canarelli quand il s'est installé frauduleusement dans les lieux. J'ai trouvé un entrepreneur pour retaper la maison, mais il s'est par la suite défilé. J'ai compris qu'il avait reçu des pressions… Ce n'est que partie remise.

Mon adversaire semble avoir toujours eu affaire à des gens qui ne pouvaient pas se défendre. Mais ce n'est pas mon cas. Sans mes 50 hectares, le « domaine de Murtoli » dans son ensemble est invendable. Il vaut le quart de ce qu'il vaudrait si Canarelli possédait toute la surface. Doit-il rendre des comptes à ses bailleurs de fonds, des

1. Paul Canarelli écope de douze mois de prison avec sursis et 40 000 euros d'amende. Statuant sur les intérêts civils, la cour d'appel octroie à Anne de Carbuccia 80 000 euros au titre du préjudice moral et 20 000 euros au titre des frais de justice.

gens auxquels il a fait trop de promesses[1] ? Beaucoup le disent en aparté en Corse et ailleurs ; pour ma part, je n'en ai aucune preuve. Mais une chose est certaine, Murtoli ne sera jamais vendu à un groupe immobilier. Telle est ma promesse.

Sans compter que mon adversaire a désormais les écologistes sur le dos[2]. L'eau de l'Ortolo a été déviée pour construire un golf, en violation du Code de l'environnement[3]... ! Concernant l'accès à la plage de Murtoli, des bouées ont été placées pour le bloquer, ce qui est totalement illégal. On est confrontés à l'impunité et au non-droit. En attendant, et à ma grande tristesse, ce site unique continue d'être défiguré. La beauté et la particularité de Murtoli sont, à mon avis, inégalables en Méditerranée. Ce domaine a été transformé en une

1. Visé par des soupçons de blanchiment et de fraude fiscale, Paul Canarelli fait l'objet en 2019 d'une enquête confiée à la Jirs de Marseille après que l'organisme anti-blanchiment Tracfin a signalé des mouvements de fonds suspects venant du Luxembourg pour 3 millions d'euros (*Le Parisien* du 18 juillet 2019, « En Corse, la face sombre du domaine de Murtoli, le paradis des stars », Éric Pelletier).

2. L'association U Levante obtient une première victoire en juin 2020 : l'annulation par le tribunal administratif d'un arrêté qui détourne le sentier du littoral en le plaçant à 200 mètres des plages pour ne pas troubler la quiétude des résidents du domaine de Murtoli. Elle a par ailleurs déposé une série de plaintes en 2017 après avoir constaté par des reconnaissances aériennes que certaines constructions n'étaient pas conformes à la destination initiale, par exemple un hangar agricole devenu un restaurant. L'association obtient par ailleurs confirmation en septembre 2020 par la cour administrative d'appel de Marseille de l'annulation de 12 permis de construire de villas pour un ensemble dénommé « Les collines de Murtoli ».

3. Le 5 janvier 2017, l'association U Levante, s'appuyant sur un rapport de la direction régionale de l'environnement, de l'aménagement et du logement (Dreal) daté du 5 août 2015, affirme que le golf a été aménagé dans la plus totale illégalité (« Le golf de Murtoli, un pied de nez à l'État de droit », site internet d'U Levante).

sorte de Disneyland pour happy few sans aucune vision durable, mettant en péril un écosystème rare.

J'ai rencontré notamment l'avocat Antoine Sollacaro[1], qui défendait à l'époque les intérêts de Paul Canarelli. Je dois le reconnaître, il a vraiment essayé d'arranger les choses.

Le problème en Corse, c'est que tout est mélangé. Avant, la voyoucratie était peu présente dans les affaires de l'île. Aujourd'hui se produit un amalgame entre les affaires privées, les copains, la voyoucratie, parfois les barbouzes au milieu. Si on ajoute un État pour le moins ambigu, il est bien difficile d'y voir clair. Le plus inquiétant, c'est qu'une partie de la nouvelle génération s'identifie aux voyous. Le cœur de la société corse a été étranglé par un système français centralisé qui a laissé faire, protégeant au gré de leurs propres intérêts les uns ou les autres. Mais ce phénomène n'est pas propre à l'île de Beauté, on rencontre les mêmes problématiques dans le Var. La Corse est, disons-le, incomprise et abandonnée. Les jeunes, s'ils veulent réussir, doivent encore souvent partir, quitter l'île. Aujourd'hui, à la nouvelle heure de la décentralisation, c'est affligeant.

Parlons des nationalistes. J'ai eu au début de cette affaire un groupuscule assez motivé contre moi. Mais le nationalisme ne peut être réduit de la sorte. Il existe une mouvance qui vit simplement, loin de l'affairisme, dans une profonde harmonie avec les règles de la nature. Ils respectent leur île. Et eux, je ne les ai jamais entendus.

1. Assassiné en octobre 2012. Voir introduction.

Encore une fois, je n'aurais jamais résisté dans cette affaire de Murtoli si je n'avais pas été installée à l'extérieur de l'île. La pression aurait été trop forte. Mais je n'ai pas pour autant tourné le dos à la Corse. J'y ai des vrais amis et beaucoup d'alliés. Ce sont mes racines, mon histoire et l'île demeure une grande référence dans mon travail artistique. L'amour pour la Corse est quelque chose que beaucoup de gens, insulaires ou pas, peuvent comprendre.

En ce qui concerne la maison, je ne lâcherai rien. La propriété sera à l'avenir intégrée à une fondation intouchable rendant le bien incessible. Paul Canarelli m'a toujours dit que ce sera la guérilla entre nous. Soyez certains qu'à un moment donné je procéderai à mes travaux pour restaurer cette bâtisse irremplaçable, qui renferme tant de souvenirs pour moi et les miens et qui appartient à l'histoire de mon île. J'ai tout mon temps. C'est cette histoire-là que je raconterai à mes arrière-petits-enfants au coin du feu.

« Ils » n'auront jamais ma maison.

9

Pascal Bruno : « Bistrot à vendre pour cause de racket »

En 2009, le destin de Pascal Bruno bascule. Il refuse que la mafia installe des machines à sous dans son bar du centre-ville. C'est Gomorra *à Ajaccio sur fond de racket.*

J'ai fait mes premiers pas dans le « cœur de ville », au bistrot du Cours, situé sur l'avenue qui traverse Ajaccio de part en part, le célèbre cours Napoléon. C'était en 1998, le 1er septembre. J'ai commencé comme simple employé, puis je suis devenu gérant-propriétaire à partir de 2001.

Ce bar est situé dans un emplacement stratégique à proximité à la fois du commissariat, de la mairie, de la préfecture de Corse, installée juste en face, et du casino, placé à 300 mètres. Des relations tendues avec la municipalité sont nées en raison de problèmes liés à la fermeture du cinéma Bonaparte, qui jouxtait mon établissement, et à un passage public « traboule[1] » devenu un véritable dépotoir, ce qui me causait un préjudice commercial considérable.

1. Une traboule est un passage étroit qui relie deux rues en traversant un pâté de maisons.

La situation se tend en 2009 avec la visite de trois hommes que je ne connais pas. Ils s'avancent jusqu'au fond du bar d'un air déterminé. L'un est âgé d'une quarantaine d'années, les deux autres sont plus jeunes. Je sens que quelque chose ne va pas. Le trio m'invite tout d'abord à boire un café. Et très vite, ils en viennent au fait : « Nous venons pour placer des machines à sous chez vous car nous savons que vous possédez une grande salle en sous-sol. »

Je comprends immédiatement qu'un groupe mafieux tente de mettre la main sur mon affaire. Si j'accepte, cela en est fini de mon indépendance, la clientèle est forcément appelée à changer. Il est connu que les joueurs font fuir les autres clients qui recherchent le calme.

La conversation avec le trio commence à se durcir, je conserve à grand-peine le contrôle. Je n'ai qu'une envie : sortir de mes gonds et les chasser. Je suis, à dire vrai, étonné par cette approche. Placé devant la préfecture et tout près du commissariat, je ne m'imaginais pas un seul instant recevoir une telle visite.

Le bistrot du Cours est en outre situé sous un immeuble garni de caméras de surveillance. C'est l'endroit le plus sûr de la cité impériale à quelques mètres seulement du palais Lantivy, lui-même bardé de systèmes de sécurité. Je pensais être à l'abri de ce genre de racket, car c'est bien de racket « insidieux » qu'il est question. J'ignore en revanche l'identité de ces trois personnes. Je ne supporte pas que l'on vienne ainsi me forcer à faire quelque chose. Pour les impressionner, je les menace donc en affirmant que s'ils insistent, je les « balancerai » aux flics en portant plainte.

Et le ton commence à se durcir : le plus âgé qui est déstabilisé par mon attitude m'avoue être sorti de prison quelques mois plus tôt. Je comprends qu'il n'est pas si tranquille que ça et qu'il a peur d'être repéré par la police, je le percevais un peu comme le technicien des machines, celui qui maîtrisait la matière. Les deux autres sont là pour asseoir le décorum mafieux.

Pour connaître ce monde obscur, je sais qu'il existe deux équipes rivales : le « Petit Bar », du nom d'un café-salon de thé du cours Napoléon qui a été repris depuis, et le clan Orsoni, dont le maillon fort est Guy Orsoni. Le Petit Bar ? J'y suis confronté, bien malgré moi, par mes liens de parenté avec André Bacchiolelli. Celui qui est considéré comme l'un des membres les plus actifs de l'équipe[1] n'est autre que mon beau-frère.

1. Au départ, le groupe est constitué d'un noyau dur entouré de séides : Jacques Santoni – le chef paraplégique qui vit entre Paris et Ajaccio dans des appartements aux vitres blindées bourrés de caméras –, Pascal Porri, Stéphane Raybier et André Bacchiolelli. Une grande guerre va opposer à partir de 2005 cette équipe au clan Orsoni. La guerre se chiffre avec de nombreux morts. Un point de rupture est franchi en octobre 2012 avec l'assassinat du bâtonnier Antoine Sollacaro par deux tueurs à moto. L'avocat est connu pour défendre les intérêts d'Alain Orsoni. La moto, une BMW volée, est retrouvée quelques jours plus tard au fond d'un ravin et permet de remonter à l'équipe du Petit Bar grâce aux traces ADN. En avril 2013, André Bacchiolelli est mis en examen aux côtés de Mickaël Ettori pour « assassinat ». Pascal Porri est quant à lui poursuivi pour « association de malfaiteurs et recel de vol de moto ». Puis la chambre d'accusation annule ces mesures à la suite des rétractations d'un témoin. Les accusations du repenti Patrick Giovannoni relancent le dossier. André Bacchiolelli est de nouveau mis en examen aux côtés cette fois-ci du chef du clan, Jacques Santoni.

Moi, j'ai toujours refusé d'entrer dans ce monde-là. Quand j'ai reçu cette visite, je n'avais aucune idée d'où venaient les trois « commerciaux ». Je n'osais imaginer qu'il s'agissait du Petit Bar, compte tenu de cet encombrant lien familial. Alors qui ? J'étais particulièrement choqué, je n'ai pas dormi durant quatre jours. Que faire pour me protéger ?

Le lundi 4 janvier 2010, je prends mon courage à deux mains et me rends au service municipal du commerce, artisanat et gestion du domaine public. J'y rencontre l'adjoint délégué au commerce, François Gabrielli, adjoint de Simon Renucci, qui était alors maire d'Ajaccio. Je l'alerte sur ce racket « insidieux », en lui disant : « Il y a un gros problème sur la commune. » Ce qui venait de se passer était inacceptable. L'élu m'envoie balader quand je demande avec un brin de provocation la liste des établissements protégés par la « mafia ».

Je constate en effet à l'époque que les choses continuent de dériver pour les terrasses. Depuis la fin des années 1970, au moins, on est censé rentrer les terrasses l'hiver. Puis, un jour, un établissement se met à laisser des tables et des chaises sur le trottoir toute l'année, sans payer les droits d'occupation afférents. L'emprise illégale déborde sur le domaine public ! C'est l'anarchie, mais cette anarchie est organisée au bénéfice de certains et pas d'autres. Toutes proportions gardées, on retrouve un peu le même scénario en Calabre à l'occasion du maxi-procès[1]. Le même schéma se dessine avec des

1. 452 membres de la 'Ndrangheta, la puissante mafia calabraise, comparaissent depuis septembre 2020 à Rome pour un procès-fleuve qui réunit 500 avocats et 600 parties civiles.

gens qui ont des « appuis » pour les autorisations afin de bénéficier de passe-droits.

Moi, je me suis révolté contre cet état de fait. J'ai envoyé un courrier recommandé au même adjoint et à trois responsables municipaux dont l'ancien maire, à un chef de service, Sauveur Linza, et à Toussaint-Mathieu Lucciani, responsable au service municipal. Je leur ai demandé de m'aider. Ce courrier a été envoyé quatre jours après ma rencontre houleuse avec l'adjoint Gabrielli.

Ne voyant rien venir, je décide le 25 février 2010 d'entrer en quelque sorte en résistance en créant un café citoyen où les gens viennent débattre librement de la situation en Corse. Manifestement, cela ne plaît pas à tout le monde, comme je le constate rapidement.

En débarquant un matin au bistrot, je trouve ainsi des tables et des chaises cassées sur ma terrasse. Je décide de porter plainte contre X pour dégradation de matériel. J'explique ce qu'il s'est passé lors de la visite de décembre, puis en janvier également. Dans ce cas précis, je ne reçois, je dois le dire, aucun soutien de la part de la police. Je n'ai aucun retour à mes démarches.

Une seule issue se présente, en juin 2010, celle d'alerter les médias et la population en posant devant l'entrée du bistrot un simple écriteau : « Bistrot à vendre pour cause de racket[1] ». Je voulais ainsi sensibiliser à la fois sur mes difficultés financières, que j'attribuais beaucoup au contexte malsain sur le territoire, à mon

1. *Corse-Matin* du 3 juin 2010, « Ajaccio, l'appel au secours d'un patron de bar », Isabelle Luccioni.

attitude résistante et à la visite des « trois commerciaux trafiquants » que j'avais reçue en décembre 2009 qui a été pour moi un réel traumatisme. La presse, locale et nationale, se mobilise et questionne le procureur de la République Thomas Pison, auquel j'avais déjà écrit. Il affirme aux journalistes que pour l'heure « il n'y a pas d'extorsion de fonds ». Le magistrat joue manifestement sur les mots.

Cette médiatisation a un effet bénéfique. Le directeur de cabinet de Simon Renucci se rend sur place. Je lui explique la situation, demande et obtiens un rendez-vous avec le maire. Je me retrouve quelques jours plus tard dans le bureau de Simon Renucci, en compagnie de son directeur de cabinet et de mon avocat, Lucien Feli. Et là, je comprends vraiment qu'il y a un gros souci sur Ajaccio. Face au maire j'adopte une attitude offensive : que comptez-vous faire ? Renucci semble ébranlé en évoquant le sujet du racket, « Ce sont des fous », me dit-il. Je réponds du tac au tac : « Ils sont protégés ? » Étrange dialogue entre un cafetier à bout de nerfs et un maire visiblement dépassé par la situation, qui semble ignorer ce qui se passe dans sa propre ville.

Déjà sous sa mandature, trois ans plus tôt, en 2007, une affaire lourde avait secoué le centre-ville. Le patron du restaurant Le Senso[1] avait été obligé de vendre son

1. Plusieurs membres du Petit Bar, dont Jacques Santoni, sont mis en cause dans cette affaire en 2007 ainsi qu'Ange-Marie Michelosi, fondé de pouvoir de Jean-Gé Colonna, que l'on pourrait qualifier de « parrain » du Petit Bar. Ce dernier a depuis été assassiné. Plusieurs autres établissements d'Ajaccio, dont le grand café Napoléon et le Kos, un établissement de plage de la route des Sanguinaires, auraient été placés sous la coupe de la bande dans des circonstances douteuses. L'équipe est par ailleurs

établissement sous la menace. Le maire me dit : « Faites comme les autres, on ne vous dira rien. » Je peux donc installer à ma guise des tables et des chaises dans le passage public. Je ne suis pas le conseil. Pourquoi règne-t-il donc une telle anarchie ?

À l'époque, vous avez plusieurs équipes qui placent les machines, mais je ne sais pas dire si c'est l'une ou l'autre qui est venue me voir. Pendant cette période, selon les sources officielles, il est avéré que l'équipe du Petit Bar était dans les mailles de la justice pour l'affaire de l'hélico de Béziers. L'adjoint François Gabrielli, après s'être excusé de son attitude envers moi, me dit qu'il existe une liste rouge dans la commune. On est dans un système où certains restaurateurs agissent sans permis. Moi je voulais rester dans la règle et ne pas entrer dans cette sombre combine.

J'écris des lettres à trois procureurs successifs entre 2010 et 2019 : Thomas Pison, Xavier Bonhomme et Éric Bouillard. Ce dernier, qui a quitté son poste en 2019, est celui qui a pris le problème le plus à cœur. J'ai eu de gros problèmes professionnels et personnels suite à cette affaire. Ma « faute » étant de ne pas avoir su baisser les bras, je me suis retrouvé très isolé.

Je n'ai pas d'analyse sur l'attitude de Simon Renucci, l'homme me semble de qualité, mais dans sa fonction de maire il a tout faux. J'écris au président de l'assemblée de Corse, Dominique Bucchini, qui comprend ma

---

soupçonnée d'incendies criminels de plusieurs établissements dont le Globo, pour lequel trois membres de l'équipe ont été condamnés en octobre 2020. Le dossier est en appel (*Le Monde*, novembre 2020, « À Ajaccio l'influence toujours présente du Petit Bar », Yves Bordenave).

démarche et me soutient. J'envoie de très nombreux courriers, à tel point que l'affaire commence à faire du bruit. Alors le maire, gêné, vient me revoir au bistrot en me disant : « Laisse-moi du temps. »

Je me dois de développer ici la situation très particulière d'Ajaccio et la montée constante de la criminalité depuis la fin des années 1980. Tout s'est accéléré par le développement économique de la rive sud avec de grands chantiers routiers. L'époque est marquée par des assassinats dans la région dont deux très symboliques : ceux de Charles Grossetti, maire de Grosseto Prugna, et Lucien Tirroloni, le président de la chambre d'agriculture de Corse du Sud, crimes non résolus à ce jour[1].

Les années passent et survient l'un des grands traumatismes de la Corse, l'assassinat, le 6 février 1998, du préfet Claude Érignac. Il y a dans cet assassinat politique une part d'énigme, notamment sur les fameuses enquêtes parallèles menées par ce haut fonctionnaire sur certains groupes mafieux et la disparition du journal du préfet assassiné. Dans ce document se trouvait probablement consignée une somme considérable d'informations sensibles. On sait que le préfet s'était notamment opposé à l'extension du parc des machines à sous dans le casino municipal... Il s'intéressait aussi au projet d'urbanisme de la caserne de Bonifacio.

Je souligne un épisode qui peut paraître anecdotique, mais qui m'a marqué : la présence de mon beau-frère, André Bacchiolleli, à Cargèse lors d'une conférence de

1. Les deux victimes se trouvaient en opposition frontale avec le clan de Jean-Gé Colonna au sujet de marchés publics.

presse pour la défense d'Yvan Colonna[1]. Je me souviens très bien de l'avoir vu sur mon écran de télé assis au bout de la table où avait pris place l'avocat d'Yvan, Antoine Sollacaro. La question se pose : que faisait mon beau-frère à cette réunion publique ? Il était, probablement, l'un des proches du berger.

Depuis, selon les informations publiques, Bacchiolleli n'a cessé de grimper dans la hiérarchie du grand banditisme. En 2008, il tombe dans un trafic international de cannabis par hélicoptère aux côtés d'un autre membre du Petit Bar, Mickaël Ettori, et de l'ancien président de la chambre de commerce, Gilbert Casanova, quant à lui impliqué quelques années auparavant dans des malversations financières.

2012 marque le franchissement d'un palier. Pour moi, c'est le pic de la guerre de territoire marquée par trois assassinats de notables[2]. Il y a à Ajaccio deux territoires juteux, la chambre de commerce et le casino municipal. Toutes les forces obscures se concentrent sur Ajaccio car c'est la ville principale. Tourisme et argent se déversent l'été dans un flot ininterrompu. Beaucoup de soirées sont organisées où la drogue s'écoule. Cela s'est certes calmé avec la crise du Covid... Le problème, c'est qu'ici, à Ajaccio, le centre-ville se vide l'été. L'activité se déplace sur et autour des plages.

1. Le berger de Cargèse, Yvan Colonna, est interpellé après quatre ans de cavale. Il est condamné à trois reprises par une cour d'assises spéciale pour avoir tiré sur le préfet le 6 février 1998.

2. Sont abattus successivement l'ex-bâtonnier Antoine Sollacaro, le président de la chambre de commerce, Jacques Nacer, et le président du parc régional, Jean-Luc Chiappini.

Cette année de braise est aussi une année particulière pour moi. Survient une histoire un peu étrange : je deviens, l'espace d'une soirée, le «cadeau d'anniversaire» de ma sœur. Son mari est alors incarcéré aux Baumettes. Il faut savoir que depuis son mariage, je ne vois pratiquement plus ma sœur en raison de cette proximité mafieuse qui me gêne profondément. C'est un déchirement entre l'amour fraternel et le respect de mes valeurs. Un choix éthique : je ne peux m'approcher, ne serait-ce que d'un millimètre, de la mafia.

Deux proches de mon beau-frère viennent pourtant me voir pour me demander de participer à la soirée des quarante ans de ma sœur, d'être en quelque sorte la surprise de la soirée. Quand ma petite sœur me voit, elle me tombe dans les bras. Nous nous serrons très fort l'un contre l'autre. Je tiens à préciser que j'ai accepté par amour fraternel sans cautionner quoi que ce soit.

Je me souviens avoir écrit une lettre à mon beau-frère, qui se trouvait en prison pour l'affaire de l'hélicoptère. Il m'a répondu par une carte postale où était représenté le Stade vélodrome avec le sigle de l'OM. J'ai trouvé des mots écrits sincères : «J'ai joué, j'ai perdu.»

L'équipe du Petit Bar, c'étaient vraiment des chiens fous, des porte-flingues qui sont devenus des maîtres. Ils se sont notabilisés. La mort de Jean-Gé Colonna a ravivé la guerre entre les deux camps[1].

Moi, je ne suis qu'un observateur, isolé, rejeté, car je dis ce que je pense. On ne cherche pas forcément à me fréquenter. Le problème, ce n'est pas tant les voyous,

1. Voir introduction.

mais le fait qu'ils soient « protégés ». À l'époque, aucun fonctionnaire ne se présentait pour opérer des contrôles dans les bars. Ils étaient systématiquement renvoyés. Tout le monde avait peur avec cette emprise des bandes criminelles sur la ville.

La situation aujourd'hui à Ajaccio est pire qu'en 2010. Des affaires en grande difficulté ont été rachetées pour une bouchée de pain à cause du Covid et de la conjoncture morose. Et elles seront à l'avenir, peut-être, les plus belles affaires de la ville. Tel est le principe des vases communicants, avec quelqu'un au milieu qui permet le transfert de fonds. Nous avons la description d'un système mafieux. Le maire actuel[1] est avocat et témoin. Peut-il protéger sa ville plutôt que de tolérer le crime organisé sur la commune ? Quand il dit « je suis entouré », de quoi parle-t-il ? Peut-être veut-il dire qu'il est coincé dans un système déjà en place, avant son élection en 2014 ?

En ce qui me concerne, j'ai continué à me battre. J'ai écrit à la préfète Josiane Chevalier, qui m'a répondu. Mais ma situation ne s'est pas améliorée.

Nous en venons à l'année 2018, quand j'ai voulu vendre le bistrot du Cours, le 1er juillet, en faisant connaître ma décision. Le 5 juillet, mon beau-frère, André Bacchiolelli, débarque dans les lieux. Il me dit : « Ne vends pas, mes amis veulent te voir. » Puis il est revenu accompagné de Pascal Porri et Mickaël Ettori, qui ont visité le bistrot. Je ne souhaitais pas vendre à ces gens-là mais j'étais, disons-le, un peu coincé. La semaine

1. Laurent Marcangeli est maire divers droite d'Ajaccio depuis 2014.

d'après, mon beau-frère est revenu sur place avec Christophe Ettori, le frère de Mickaël. Ensuite, un architecte s'est déplacé au bistrot pour prendre les mesures. Et dix jours après, c'est la surprise, Christophe Ettori revient me voir pour me signifier qu'il ne veut plus acheter. L'affaire ne l'intéressait plus car « trop petite », dit-il. Tout s'est passé normalement et nous en sommes restés là.

Je suis convoqué par la PJ le 25 juillet pour me retrouver face à deux chefs d'enquête saisis à la suite de mes démarches auprès du procureur Bouillard. « On connaît ta sœur et on s'est déjà occupés de Bacchiolelli », me disent-ils. Les policiers m'expliquent qu'ils ont d'autres dossiers bien plus importants à traiter que le mien, à l'international, même s'ils reconnaissent que j'ai tapé dans le mille. « Il faut les arrêter avant qu'ils ne pénètrent dans l'économie réelle[1]. »

En cette fin 2020, nous voyons enfin les choses bouger. Pour moi, la justice et l'État sont en train de faire le job. Nous sommes confrontés à une logique globale avec des gens entremêlés. Mon beau-frère est en cavale

1. À l'automne 2020, deux juges de la Jirs de Marseille lancent une série impressionnante de perquisitions en Suisse, en Corse et sur le continent dans le cadre d'une instruction ouverte pour blanchiment touchant aux investissements nationaux et internationaux de l'équipe du Petit Bar pour un investissement global de 48 millions d'euros. Les relations de Mickaël Ettori avec le promoteur Antony Perrino sont de nouveau sur la sellette (*Le Monde*, « Corse, la justice dans les méandres des affaires de la bande criminelle du Petit Bar », Jacques Follorou). Un deuxième coup de filet intervient en janvier 2021 qui conduit à la mise en examen de huit suspects dont le promoteur et le chef de clan, Jacques Santoni. Le « capo » est incarcéré à la prison des Baumettes après son déferement devant les juges marseillais.

avec Porri et Ettori. Ils auraient été prévenus de leur arrestation par une fuite au sein de la police[1].

Certains individus fascinés sont achetés par l'argent de la drogue et du racket. Ils achètent tout, les hommes et les âmes.

Pour revenir à mon combat sans issue, si c'était à refaire, je le referais. Je pense que ça vaut la peine de ne pas baisser les yeux. Je n'ai pas de protection... Je n'ai plus d'appartement et je dors dans mon bistrot. Le fait d'être le beau-frère d'un membre du milieu m'a posé un gros problème de conscience. Mais j'ai toujours refusé d'entrer dans ce monde-là et je m'en porte très bien.

Aujourd'hui, à Ajaccio comme en Corse, on en est arrivé au point de rupture. La création des comités antimafia est, probablement, une bonne chose. J'ai participé à des réunions publiques. Mais dans ces associations il y a des gens en porte-à-faux. Et c'est bien là tout le

1. Le 27 septembre 2020, une opération est lancée dans le cadre de l'enquête sur la tentative d'assassinat de Guy Orsoni. Début octobre, la PJ est dessaisie au profit des gendarmes de la section de recherche après que des fuites ont permis à Pascal Porri, André Bacchiolelli et Mickaël Ettori de passer à travers les mailles du filet. Le 10 octobre, le quotidien *Le Monde*, par la plume de Jacques Follorou, révèle que les numéros 1 et 3 de la DRPJ d'Ajaccio sont mutés pour avoir monté un deal avec l'un des interpellés, José Menconi. Le 29 octobre, *L'Obs* révèle que trois enquêteurs de la brigade nationale de lutte contre la criminalité organisée corse (BNLCOC) et le directeur régional de la police judiciaire d'Ajaccio, Lucien Arleri, vont être mutés et sont l'objet d'une enquête de l'IGPN. On apprend que, en échange d'une mise à l'écart des investigations, Menconi révélait le nom de la taupe qui informe le Petit Bar et qui n'est pas membre de la PJ. Selon *L'Obs* (qui confirme des informations du *Monde*), les enquêteurs de la BNLCOC auraient ainsi permis à Menconi (qui n'est pas nommément cité) de téléphoner à sa compagne sans en aviser le juge d'instruction chargé du dossier (*L'Obs* du 29 octobre 2020, «La lutte contre le grand banditisme se réorganise», Violette Lazard).

problème. Si tout le monde joue l'antimafia, on joue la démocratie, sinon c'est un leurre. Et il faut taper là où il faut taper. Nous ne voyons pas de changement car il n'y a pas le courage politique de changer les choses.

Aujourd'hui, je dis qu'il faut laisser travailler les enquêteurs qui se donnent à fond pour avancer et faire avancer les choses. Quand j'ai rencontré le procureur Éric Bouillard, ce dernier m'a demandé si j'avais pris un avocat. Je lui ai répondu par la négative. Quand on voit que les enfants d'un avocat assassiné ont mis en cause la Jirs qui enquête sur la mort de leur père, cela me trouble et me navre et évidemment m'amène à une certaine réserve.

J'ai tout de même un espoir que les choses changent. À une seule condition, que l'État frappe fort pour démontrer que le crime organisé ne paie pas. Le temps ôte tout, le temps donne tout.

10

Brigitte Peressini : « Je me retrouve à gérer des voyous, des petites frappes »

Journaliste veuve d'un réalisateur insulaire, elle est confrontée à des menaces et à des intimidations après que d'encombrants voisins ont percé une porte sans autorisation sur son palier à Ajaccio. En toile de fond, un remake de Main basse sur la ville.

La Corse représente pour moi un investissement personnel de trente ans. Mon mari était corse. Le journaliste et réalisateur Daniel Peressini a beaucoup écrit et réalisé deux documentaires sur son île[1]. Disparu en 2008, il était très attaché à ses racines. Il serait très inquiet aujourd'hui, tant de la situation générale que de ce que je vis à Ajaccio.

Je suis un peu dépitée d'avoir dépensé tant d'énergie et de travail avec lui pour faire comprendre cette île à Paris à travers nos films et nos articles, pour casser des

1. Daniel Peressini a réalisé deux films marquants sur la Corse : *J'ai été militant clandestin*, dans lequel il recueille les témoignages de cinq militants historiques du FLNC qui expliquent leur basculement dans l'action clandestine, et *L'Île sur le feu* (2 × 52 minutes), qui décrypte les grandes phases historiques de l'évolution de la Corse, le comment et le pourquoi elle est devenue ce qu'elle est aujourd'hui.

idées toutes faites, casser des regards, casser des choses historiquement fausses. Aujourd'hui, je me retrouve en première ligne à devoir gérer des voyous qui ont des attitudes de voyous, des petites frappes du microcosme, de la biodiversité locale, des gens qui n'ont jamais eu que mépris à l'égard du nationalisme corse et qui se permettent de m'appeler « la Française » ou « la Parisienne ». C'est tellement incroyable à voir et à entendre que c'en serait presque drôle.

Ajaccio a énormément changé depuis une dizaine d'années. La Vieille ville n'y a pas échappé. On le sent dans le climat global, les ouvertures et les fermetures des commerces. On le sent dans les relations entre les gens. On s'en rend compte très vite quand on a connu et aimé ce pays comme j'ai aimé cette Corse depuis trente ans.

Mon mari et moi-même avons acheté en 2002 un appartement en centre-ville grâce à des amis. Cet appartement était celui d'une belle personnalité du monde culturel ajaccien et parisien, le philosophe Jean-Toussaint Desanti, « Touki » pour les intimes. Daniel connaissait fort bien son épouse, Dominique, qui avait été journaliste.

Nous avons acquis avec joie cet appartement qui donne sur la place des Palmiers. Le lieu était chargé d'histoire. Nous pensions nous installer là-bas rapidement en y créant une deuxième société de production audiovisuelle, mais la vie en a décidé autrement et Daniel est décédé prématurément. Nous avons passé des moments fabuleux dans cet appartement.

J'ai continué à y séjourner régulièrement avec mon fils qui s'est toujours senti parfaitement chez lui en

Corse et revendique clairement ses origines depuis Paris où il n'est pas toujours facile d'être Corse. Jusqu'en mars 2017. Je me trouve à Paris. Un lundi matin, 9 heures tapantes, je reçois un coup de téléphone du fils du patron d'un bar que je connais bien car ce bistrot était un peu notre terrasse, notre lieu de rendez-vous pour éviter les trois étages sans ascenseur. On y mangeait des glaces l'été, on y recevait nos amis. On connaissait toute la famille, quatre générations.

Ce jour-là, mon interlocuteur me dit : «J'ai une bonne nouvelle, j'ai acheté l'immeuble à côté du tien, on va être voisins.» Sympa, je le connais depuis vingt ans, c'est donc bien une bonne nouvelle. Il m'informe dans la foulée qu'il va procéder à une surélévation et qu'il a «besoin de murer mes deux fenestrons» qui donnent sur cour, celui de la salle de bains et celui des toilettes, «pour monter son étage», comme il dit.

Je tombe de l'armoire et traduis immédiatement que cela signifie deux pièces sans plus de lumière ni d'aération. Ma réponse est catégorique : «Non, tu ne vas pas murer, c'est chez moi. Ces fenêtres sont mentionnées dans l'acte de propriété, trouve une autre solution.» Il m'enjoint de descendre le voir tout de suite pour régler «ça», car lui «doit avancer». «Je te paie l'avion, je viens te chercher à l'aéroport, on déjeune.» J'accepte de descendre à Ajaccio, à mes frais (je ne verrai bien évidemment jamais l'argent de ses nombreuses promesses de dédommagement), dès le vendredi, laissant tout en plan à Paris, pour l'empêcher de me murer ces deux ouvertures.

L'architecte fait partie du comité d'accueil qui m'attend en terrasse du fameux bar. Je comprends, à l'ambiance générale, que je suis l'emmerdeuse de service, mais ils demeurent courtois, sans doute en raison de notre passé commun. Et de la suite, qu'eux connaissent déjà.

L'architecte a crayonné sur un coin de table une nouvelle proposition du plan d'élévation qui évite de murer mes fenêtres, un décrochement. Je ne suis pas idiote, il n'y a pas un mètre de distance qui me sépare du mur, comme le veut la loi. Le préjudice est important car je jouissais auparavant d'une vue sur un toit, bien plus agréable. J'accepte pourtant, soucieuse de maintenir des relations de bon voisinage puisque nous allons être voisins. J'ai appris qu'en Corse le monde est plus petit qu'ailleurs. Il faut savoir conserver des relations cordiales avec tout le monde.

Tout prend ensuite des proportions incroyables, ubuesques. De Paris, je reçois plusieurs e-mails et appels pressés et pressants. Mes nouveaux voisins, tous deux associés dans une SCI, m'annoncent qu'ils ont « besoin d'ouvrir une porte sur mon palier » au troisième étage. Une porte pour rentrer chez eux, en passant donc par une copropriété qui n'est pas la leur… Je sais, vu de l'extérieur, c'est très inhabituel. Vu de l'intérieur aussi. Certes, il y a un précédent dans cette toute petite copropriété où il n'y a qu'un habitant sur chacun des quatre étages : l'installation d'un commerce situé en rez-de-chaussée de leur immeuble a conduit à supprimer purement et simplement la cage d'escalier.

Les accès aux premier et deuxième étages se font déjà *via* une ouverture pratiquée il y a plus de cinquante ans par l'ancienne propriétaire sur les paliers du premier et du deuxième étage de mon immeuble... La vieille dame a demandé une autorisation verbale, et, à l'époque, personne ne s'y est opposé. La cohabitation n'a jamais posé problème. C'était une autre époque, une autre Corse. Désormais, il faudrait procéder, selon eux, de la même manière au troisième étage pour accéder à l'appartement de la surélévation. Ou alors, il aurait fallu poser la question de la faisabilité en amont, avant de dessiner les plans, et prévoir, en cas de refus éventuel, une entrée indépendante par la cour intérieure, ce qui était techniquement envisageable...

Mais les deux compères ont avancé seuls sur leur projet, sans tenir personne informé, bref, en faisant comme chez eux chez nous. J'obtiens, en haussant le ton, que la décision d'une éventuelle nouvelle ouverture de porte soit soumise à l'assemblée générale de copropriété qui doit se tenir en juin.

Les événements vont alors se précipiter. Quand je redescends (je fais trois allers-retours entre mars et juin, à mes frais, rien que pour eux) pour l'assemblée générale de copropriété, je constate qu'ils ont commencé à percer la porte, sans autorisation, sur mon palier, pour « jauger de l'épaisseur du mur » me disent-ils, ne remettant donc pas un instant en doute l'idée d'arriver à leurs fins. À ma demande, le syndic fait constater l'infraction par huissier. Et manque de chance pour eux, la copropriété se prononce le lendemain, à la majorité absolue, contre ce percement sauvage pour lequel nous n'avons jamais été consultés, ce qui rend fou de rage notre envahissant voisin. Les pressions sont alors multiples, directes et indirectes.

Et ça ne va pas pour autant les arrêter. À peine avons-nous refermé les valises pour rentrer à Paris une fois l'été fini qu'ils percent la porte sur le mur mitoyen, sans autorisation et en dépit de la décision d'une copropriété, pourtant souveraine dans ses décisions. Ils déplacent par la même occasion mon compteur d'eau, qui avait eu la mauvaise idée de se trouver sur le mur convoité. Là encore, aucune autorisation demandée, ni auprès du syndic, ni même auprès de Kyrnolia, que j'informe sur conseil de mon avocat par lettre RAR et qui s'en fout royalement. Rebelote, réunion de syndic et re-constat d'huissier.

C'est une voie de fait, il faut porter plainte, ce que le syndic se décide à faire. Ce sera son baroud d'honneur : j'apprends que notre gérance de copropriété vient d'être rachetée par l'un des plus gros entrepreneurs de l'île. Le monde ajaccien est petit, beaucoup de secteurs économiques se croisent et s'entrecroisent.

Nouveau problème, l'un des deux associés se fait embaucher par le nouveau syndic. Le loup dans la bergerie. Il a désormais accès à tous les dossiers, procès-verbaux de réunions, téléphones, adresses des copropriétaires… Un évident conflit d'intérêts qui ne scandalise pourtant personne à part moi. Et comme par hasard, soudainement, une des copropriétaires qui se montrait jusque-là très active, m'encourageant régulièrement à poursuivre d'un magnifique « Ne vous laissez pas faire, la Corse c'est la France » disparaît littéralement de la circulation et demeure impossible à joindre de quelque façon que ce soit. Cette femme, qui ne réside pas en Corse, avait récemment racheté un studio au premier étage pour un investissement locatif. Je n'exclus pas qu'on ait fait pression sur elle, en lui faisant peur ou en la dédommageant de ses locataires mauvais payeurs.

Nous finirons par avoir gain de cause et par aboutir à une condamnation en 2019, près de deux ans après les faits et après moult reports d'audiences sur la foi de leur avocat arguant à plusieurs reprises d'un accord amiable en cours, accord qui n'existait que dans sa tête, technique suffisante pour que l'affaire soit systématiquement renvoyée. Nos adversaires sont certes condamnés à refermer l'ouverture, mais, dans les faits, la porte est toujours ouverte à ce jour... Un vote de la copropriété est requis pour fermer cette maudite porte et retrouver l'intégrité de l'immeuble, et la Covid complique les choses en empêchant la réunion de l'assemblée générale annuelle... L'appartement est loué, comme les deux autres, en Airbnb. En attendant, ça rapporte. Pas à l'économie locale, mais à eux. Ce modèle touristique a bizarrement pris très vite beaucoup d'ampleur dans la cité impériale. Il génère des allées et venues incessantes dans les parties communes, qui se sont fortement dégradées.

Les pressions persistent sur les autres propriétaires. Une voisine est régulièrement approchée par des cousins qui connaissent les intéressés et lui conseillent d'« arrêter de s'associer avec la Française ». On lui propose 5000 euros pour acheter son vote à la prochaine réunion et empêcher la fermeture.

J'attends en vain des propositions d'indemnisation alors que le préjudice est considérable, sans parler des frais d'avocat. Tout a été fait dans l'illégalité la plus totale, y compris les branchements divers et variés dans la cage d'escalier, qui a désormais des allures de Centre Beaubourg avec des tuyaux partout. L'employé qui vient relever le compteur d'eau est à présent contraint de monter sur une chaise pour contrôler les consommations et mon compteur EDF a été piraté. Je paie des consommations alors que je suis absente en hiver. Je n'ai reçu aucune réponse d'EDF à mes réclamations. Ils m'ont dit verbalement que ce piratage ne les concernait pas et m'ont conseillé de résilier mon abonnement, puis, de « le faire rétablir quand vous venez, ça ne vous coûtera que 70 euros, toujours moins que vos consommations », me disent-ils.

À deux reprises, je me suis rendue au commissariat de police. La première fois on ne m'a pas reçue et renvoyée vers EDF. À la seconde visite, la policière m'a fait asseoir pour finir par me dire la même chose.

Je me suis intéressée au permis de construire initial, que peu de riverains m'ont dit avoir remarqué. La vieille ville ajaccienne est un site classé. L'architecte des Bâtiments de France en poste est tenu d'intervenir pour vérifier la conformité des chantiers et en cas d'infraction reconnue. Normalement. Dans la pratique, suivi et contrôles restent très aléatoires.

En racontant mon histoire de porte, j'attire la compassion. Les gens se confient. Je me rends compte que les infractions sont loin d'être rares mais qu'elles ne font presque jamais l'objet de poursuites. Il suffit parfois de lever le nez pour constater qu'on nage dans les invraisemblances. Ici, une terrasse est édifiée depuis des années sur un toit sans autorisation. Là, des travaux sont engagés sans permis ou en partie seulement conformes aux permis. La règle est la suivante : « Je te laisse faire ce que tu veux et toi, tu me laisses faire ce que je veux. » Chacun évolue dans son petit monde, ses petits arrangements entre amis. Nous sommes face à des pratiques totalement illégales, la plupart du temps pas méchantes, mais très répandues et admises par tous comme étant la norme locale, un *modus vivendi* en quelque sorte.

Quand je raconte mon histoire à Paris, je sors un crayon et un papier pour dessiner un plan à mes interlocuteurs incrédules. Passé le temps de la rigolade, personne ne comprend qu'une chose pareille soit possible aujourd'hui en France. Immanquablement, ça se termine par un « Ah oui, mais c'est la Corse ! ». Précisément cette image dévalorisante que j'ai toujours combattue.

Je suis confrontée à des méthodes de voyous qui continuent à vouloir passer en force. Au lieu de se montrer conciliants depuis qu'ils ont perdu le procès, et de chercher un consensus d'apaisement par le dialogue et les réparations, ils font les morts, pensant que l'on va bien finir par se lasser ou qu'ils vont réussir à acheter des voix à l'assemblée générale. En attendant, le business tourne. Ces deux-là vont vers tout ce qui brille. En l'espace de quelques années, ils ont acquis une douzaine d'appartements en ville, mis en location de la même manière. Avec quel argent ? Beaucoup se posent la question comme moi. Personne ne donne la réponse.

Cette spéculation frénétique prend des proportions incroyables. Les jeunes Corses ne peuvent plus acheter et vivre dans le centre-ville, où les prix sont bien trop élevés. La vie en Corse a changé, les comportements aussi. La «Française», la «Parisienne», on ne m'aurait jamais dit cela avant. La mentalité n'est plus la même. On est entre nous et on veut rester entre nous. Un quant-à-soi mortifère où l'exclusion de l'autre n'est qu'un prétexte à la confiscation d'un pouvoir local par le plus fort. Moindre certes, mais néanmoins bien lucratif.

Les deux compères sont très antinationalistes. Ils se connaissent depuis l'école primaire ou le lycée Fesch, une institution ajaccienne où l'on noue des amitiés pour la vie. Et même si certains deviennent des voyous notoires, ils restent tes amis, à plus ou moins bonne distance, c'est comme ça. Le matin, on prend le café ensemble au bar avant d'aller bosser, l'un à la banque du coin, l'autre à la mairie, cela entretient les relations. Ils sont chez eux partout, tout leur appartient, y compris l'immeuble du voisin.

J'ai reçu plusieurs appels téléphoniques du cercle familial pour que je «laisse tomber» et des messages *via* le téléphone arabe insulaire m'enjoignant de les laisser faire. «En quoi ça te dérange?» Des «conseils» aussi : «Pourquoi tu ne vends pas, tu n'as qu'à partir?» Il n'y a plus d'indignation, de révolte, mais une impossibilité évidente à se comprendre.

Qui ne dit mot consent, et on le sent clairement, la majorité silencieuse consent, par crainte de représailles ou parce qu'elle a depuis longtemps épousé l'idée de l'entre-soi sans réfléchir plus loin ni sur les conséquences de cet enfermement psychologique. D'autres, moins permissifs, continuent de céder aux vieux réflexes : «Tout ça, c'est la faute de l'État, qui laisse faire.» Ce n'est pas entièrement faux, mais ce sont aussi les Corses qui cautionnent ces pratiques par leur silence. Aujourd'hui, c'est chacun pour soi et Dieu pour tous en Corse.

Il faut reconnaître que l'État a souvent eu une attitude pour le moins ambiguë dans l'île de Beauté. Et c'est peu dire. Paris a laissé faire beaucoup de choses à une époque où la cible était d'abord les militants nationalistes qu'il fallait mettre en prison pour maîtriser le politique. La nature ayant horreur du vide, les voyous ont occupé les places laissées vacantes et ont monté des affaires qui ont bien prospéré à coups d'assassinats, d'intimidations et de blanchiment d'argent. On se retrouve confrontés aujourd'hui à des voyous puissants comme la fameuse Brise de mer ou la bande du Petit Bar. Il y aurait eu urgence à faire intervenir le fisc et les brigades financières pour enquêter et nettoyer le terrain, vérifier les comptabilités, remettre de l'ordre et condamner les infractions et délits. C'est au porte-monnaie qu'il faut toucher dans les dérives mafieuses. Al Capone n'est pas tombé autrement.

L'État a fait un choix à une époque, celui que la Corse ne soit pas nationaliste. Et *in fine*, ils ont tout perdu puisque les «natios» sont quand même arrivés au pouvoir en 2015.

Je connais des nationalistes de la première heure que je respecte infiniment. Ils étaient à Aleria et de tous les combats qui ont suivi. Certains ont durement payé pour leur lutte politique, sans jamais avoir tué personne mais avec des années d'emprisonnement. Ces gens-là sont meurtris de voir que la Corse est aujourd'hui propriété des banques, des compagnies d'assurances et de ces voyous *nustrale* qui rachètent tout ce qu'ils peuvent racheter en blanchissant l'argent sale. Leur analyse, c'est que l'État a voulu cela, qu'il a entériné cette situation délétère en laissant faire. Peut-on leur donner entièrement tort ? Il y a dans leurs propos aujourd'hui une déception immense même si leurs idées ont fini par arriver au pouvoir. Peut-être trop tard pour la Corse.

Le grand banditisme s'était déjà durablement installé, telle une pieuvre qui étend ses tentacules partout où il y a de l'argent à faire. Ils ont mis la main sur tout, l'immobilier, le tourisme, les centres commerciaux, les déchets… Ce qui se passe en Corse avec les déchets, c'est ce qui se passe en Italie depuis toujours. Comment peut-on ne pas le voir ? Partout la mafia met la main sur ce secteur économique particulièrement opaque et lucratif.

L'État doit reprendre l'initiative en Corse, mais je crains qu'il ne soit trop tard et surtout qu'il n'en ait pas plus envie qu'avant. J'entends encore régulièrement ce discours de la part de gens qui ne sont pourtant pas des imbéciles : « Font chier les Corses, qu'on la leur file leur indépendance. » Ou encore : « Ah oui, la Corse, c'est beau. Mais sans les Corses. » Ceux qui ont fait Aleria n'étaient pas des voyous. Tous ces militants aimaient leur île et ils avaient juste envie d'y vivre dignement, à leur manière, selon leur culture et leur histoire. Ils avaient construit une véritable pensée politique. Rendons-leur hommage au passage, car ce sont eux qui ont préservé la Corse d'une bétonisation de ses côtes. Mais pour combien de temps encore ?

Aujourd'hui il y a des hommes politiques en Corse qui sont soit protégés par des voyous, soit menacés par des voyous. Ce n'est quand même pas le paysage rêvé pour une démocratie. Cette loi du plus fort que j'ai subie dans mon affaire règne sur toute l'île. C'est particulier, la Corse, c'est codifié. Même le temps n'est pas le même qu'ailleurs. On ne se comporte pas en Corse comme on se conduit à Paris.

De la grande histoire, je reviens à la petite, la mienne, fatigante, décevante, mais tellement révoltante aussi qu'on y puise toujours l'énergie nécessaire pour ne pas baisser les bras. J'ai fait des réunions de syndic où j'étais seule, la seule à ne pas vivre sur place, la seule à venir exprès de Paris pour deux heures de réunion, la seule à m'intéresser au bien commun, cette toute petite copro.

Autant de comportements anodins en apparence mais très révélateurs d'un état d'esprit dans lequel je ne reconnais pas cette île. J'avoue que je me rends de moins en moins en Corse car c'est toujours pour des problèmes. Le monde est vaste et plein de belles choses moins compliquées. Je suis choquée par ce manque d'indignation, de révolte. Dernièrement, c'est ma climatisation qui a été sabotée. Quant à l'ambiance, elle est évidemment devenue détestable et les regards quand ils se croisent sont noirs.

Cette île me semble confrontée à un perpétuel renoncement. « T'as qu'à vendre, de toute façon tu ne viens plus ici. » Je n'ai pas connu la Corse comme cela, des gens aussi faibles dans leur tête, aussi peu rebelles et combatifs. C'est le règne du fait établi, du plus fort contre le plus faible. Qui gagne toujours. La loi de la jungle en somme. Or, historiquement, les Corses ont toujours été à l'inverse de cette représentation archaïque. Ils étaient pour les faibles, les ont toujours aidés. On ne profitait pas des gens comme ça. Une femme seule comme moi, on ne l'emmerdait pas comme je l'ai été, on la respectait. Une solidarité existait.

Aujourd'hui, ce n'est plus le cas, j'en prends note. Il n'y a plus d'État dans cette île ou si peu. Quand on voit à quel point la justice est lente à agir, il y a des raisons de s'interroger. Et de s'inquiéter.

11

Ivan Popoff : « Il faut qu'il arrête avec ses histoires »

La divagation animale est un des problèmes majeurs qui pourrissent la vie en Corse. Si les animaux errants font la joie des touristes au bord des routes ou sur les plages, ils blessent, tuent et empoisonnent le monde agricole. Parce que les lois ne sont pas appliquées, n'importe qui peut laisser paître ses bêtes, de préférence chez le voisin. L'histoire d'Ivan Popoff ressemble beaucoup à celle de l'oliveraie de Teresa Cordopatri[1].

Mon père était courtier en textile, basé à Lyon. D'aussi longtemps que je me souvienne, la Corse, c'étaient les vacances, et nous passions tout un mois au hameau de la Foce, à Saint-Florent. Mon père nous entraînait dans ses deux passions, la minéralogie et l'art roman. Alors les congés se déroulaient de façon immuable. En août, c'était le stage à l'école de voile pour mon frère et mes sœurs aînées, et les quinze jours suivants nous partions explorer toute la Corse à la recherche d'anciennes mines et de chapelles romanes. La plupart des édifices étaient en ruine et à l'abandon.

1. Figure de la lutte contre la mafia calabraise, Teresa Cordopatri s'est battue pendant de nombreuses années, au péril de sa vie, pour préserver son exploitation de l'emprise mafieuse.

On suivait les cartes IGN pour arpenter l'île. Ce qui donne une bonne connaissance de ces merveilleux paysages et de l'histoire des hommes qui y ont vécu.

La famille s'est prise d'un coup de cœur pour un couvent en ruine de la région de Saint-Florent. L'édifice était à l'abandon depuis le début du XXe siècle. Chaque été, nous nous rendions sur le site pour y faire un pique-nique. Le lieu était si sauvage qu'il était difficile d'y accéder.

Bien des choses ont changé à Saint-Florent entre 1969 et 1973. Les yachts ont commencé à s'arrimer après la construction de la première grande digue, en 1971, la plage s'est peuplée davantage chaque année... Nous avions connu ce village presque sans touristes, sauvage et préservé. Mes parents ont très vite regretté la tranquillité de nos premiers séjours.

Alors un jour, mon père se met à faire un rêve : acheter les ruines du couvent et les oliviers, eux aussi à l'abandon. Il veut réhabiliter ce patrimoine et sauver les oliviers multicentenaires des incendies. Il fondera avec ma mère une association pour le patrimoine et s'impliquera pour la réhabilitation d'autres chapelles de la région. Il organise aussi une petite unité d'intervention rapide pour l'extinction des feux naissants, avec une veille Jeep, une remorque, des sulfateuses en cuivre, des jerrycans et des combinaisons ignifugées. On lui fera comprendre plus tard qu'il ne doit pas éteindre les feux.

N'obtenant pas de réponse à ses demandes d'informations foncières, mon père débarque à la mairie à l'automne 1973. L'idée d'acheter un tas de cailloux inaccessible était si incroyable que la mairesse avait tout d'abord cru à une blague ! Mon père s'obstine durant plusieurs mois pour conclure l'achat de l'ensemble.

Organiser les chantiers est un travail de Romain. Mon père, qui a connu dans sa vie une période militaire, se révèle être un grand chef pour les opérations de déblayage et de reconstruction. Il fait appel à des renforts : cousins, amis des frères et sœurs… Pendant huit ans, une quinzaine de jeunes sont mobilisés sur ce gigantesque chantier l'été. Il faut s'imaginer que cet homme a réorganisé toute sa vie pour réaliser son rêve fou.

En quatorze ans, le gros œuvre est achevé. Mon père fait travailler des entreprises locales. Quant à moi, j'ai neuf ans quand je commence à participer aux travaux de rénovation. Je passe la totalité de mes vacances avec cette magnifique oliveraie comme terrain de jeu – mon père s'est abonné à une revue professionnelle d'oléiculture dès 1974. Je fais de longues balades à dos d'âne en montagne, souvent pour y retrouver des bergers. Je ne garde de ce temps béni que de bons souvenirs. C'est comme si j'avais été programmé pour vivre au couvent.

Quand je rencontre celle qui deviendra ma femme, je l'interroge sur l'idée de vivre ici, au milieu des oliviers. Et elle me répond qu'une fois installée dans sa profession, c'est une chose envisageable. Mes études me conduisent d'abord à travailler avec des ONG (Médecins du monde, Fondation Raoul Follereau) à Madagascar. Quatre ans avant le décès de mon père, en 1990, je rentre en Corse. Il a depuis 1987 préparé ma venue dans le projet d'oléiculture. Et nous nous sommes tous les deux formés au métier d'agriculteur.

Nous avons constitué une association foncière à vocation oléicole, effectué un remembrement qui a permis de réaliser un pare-feu. Notre région est celle des incendies volontaires à répétition, et il faut comprendre qu'incendies et divagation sont intimement liés. En mettant le feu, des « éleveurs » pensent provoquer la pousse de l'herbe, car la cendre est un engrais. Cela leur permet en même temps d'envahir les zones dévastées avec des animaux. C'est une formule de divagation « acquisitive » qui vise à s'approprier des espaces. Les propriétés incendiées ne sont pas reconstruites, les propriétaires n'en ont pas les moyens, et ils renoncent souvent à faire valoir leurs droits.

Pour certains, la meilleure manière de s'approprier un lieu de pâture est donc de l'incendier. Pour résumer, la nature – l'« écosystème », comme on dit aujourd'hui – s'enrichit seule en suivant des règles précises. La mousse est suivie par des graminées puis par des buissons et enfin, au stade final, la forêt apparaît. Les arbres se nourrissent aussi des cycles de l'herbe. Dans notre région il y a deux périodes de dormance par an (l'hiver et l'été). Cette évolution y est donc plus lente qu'ailleurs. Le relief, les sécheresses à répétition et les pluies méditerranéennes fragilisent les sols. Le surpâturage, parce qu'il exploite la ressource sans la reconstituer ou l'enrichir, provoque une érosion catastrophique sur les pentes. Les primes agricoles à l'hectare ont amplifié et accéléré la domination de l'élevage nomade. Ces pratiques, qui reposent sur une méconnaissance écologique, étaient acceptables autrefois, quand l'agriculture végétale dominait. Les champs d'oliviers ancestraux descendaient jusqu'à Saint-Florent. Nous les avons vus disparaître, nous avons lutté pour leur préservation avec quelques autres, mais la disparition de ces arbres remarquables n'a pas provoqué de révolte collective. Les nombreuses aires de battage pour le blé, les restanques et les paillers témoignent de l'activité culturale intense des siècles passés. C'était il n'y a pas si longtemps.

Grâce au savoir agronomique de ma femme, au moulin que j'ai installé sur place et à notre formation dans l'art gastronomique, nous fabriquons une très bonne huile d'olive. Nous fournirons les restaurants étoilés de Pierre Gagnaire, Fernand Point, Antoine Westermann, Alain Chapel et quelques autres… La reconnaissance survient quand Pierre Gagnaire déclare dans les colonnes du quotidien *Le Provençal* que « l'huile Popoff est la meilleure du monde ».

En 1994, le domaine est magnifiquement entretenu. Ça ne l'empêche pas d'être entièrement balayé par un incendie géant allumé de main d'homme. C'est une chose épouvantable à vivre, qui traumatise. On replante cinq cents arbres, on regreffe, pour remplacer les oliviers séculaires disparus. Et en 2003, tout est à refaire à cause d'un nouvel incendie criminel. Dans les deux cas, malgré l'attention de deux fonctionnaires, le désintérêt pour notre sort est général. Les incendiaires (des bergers que nous connaissons) ne seront pas formellement identifiés par la justice.

L'année 1994 est une épreuve : le décès accidentel de mon père survient en février, l'incendie fortuit de notre logement en avril, et celui des oliviers en juillet. Il n'existe pas de statut correspondant aux conséquences particulières des incendies criminels. Un incendiaire identifié et solvable est censé pallier l'absence d'indemnisation. On nous explique que la création d'un statut provoquerait des opportunités malignes. C'est une formule d'abandon nommée « hors cadre », un handicap qu'il nous faudra porter seuls.

N'ayant plus les moyens d'assurer la protection de mon exploitation, mes rapports avec les « divagants » deviennent difficiles. Je ne veux pas payer encore une fois les clôtures détruites pour leur confort. Les gens du village prennent de la distance, cela étant totalement indépendant de notre comportement.

À cette époque, les pillages se multiplient. Nous subissons des vols de récolte et de filets, des chasseurs aplatissent les clôtures et laissent les barrières ouvertes. Des drisses permanentes placées pour tenir les filets de récolte sont coupées, les chasseurs en font des laisses pour leurs chiens. On les reconnaît, car elles ont été faites sur mesure. Personne ne s'en cache.

Le domaine avait déjà fait l'objet de plusieurs mises à feu, vite stoppées, du temps de mon père. Il ne s'était pas découragé quand, le 9 mars 1988, deux salles du couvent avaient brûlé. Les quatre bombonnes de gaz de la cuisine n'avaient heureusement pas explosé. L'enquête avait conclu à un acte criminel.

Mais le brasier de 2003 est d'une autre dimension. C'est un désastre dans lequel nous perdons 85 % de nos oliviers : sur 1 350 vieux oliviers productifs recensés, il n'en reste aujourd'hui que trois cents. Avec les incendies, je perds trois choses : le marché exigeant qui rendait rentable la culture d'arbres multicentenaires, la matière organique qui les nourrissait, et les moyens de protéger et de développer notre entreprise.

En 2010, la pression augmente avec cette façon insupportable qu'ont les gens de faire chez nous comme s'ils étaient chez eux. La pression animale explose sur nos terrains aux bénéfices des opportunités de la nouvelle PAC[1]. Avec les techniques permacoles que nous utilisons pour intensifier la vie des sols et faire pousser de l'herbe, notre domaine est devenu une oasis attractive pour de nombreux bestiaux abandonnés. Tous nos travaux oléicoles sont systématiquement détruits. Ceux qui convoitent mes terres vont faire croire que j'abandonne mon travail.

Nous comprenons enfin que les contorsions diplomatiques destinées à l'intégration nous ont fait passer pour des gens veules. Pour être respecté, il faut rentrer en guerre. Nous avons choisi de le faire avec les lois. Avant d'alerter les gendarmes, on prenait toujours la précaution d'informer les «éleveurs». Je me souviens qu'on a prévenu l'un d'entre eux onze fois avant d'entrer en procédure parce qu'il n'avait aucune intention de se déranger. Le premier dépôt de plainte sérieux date de 2013. Mais les autorités citadines ignorent totalement notre requête et les destructions que nous subissons. Elles ont en tête toutes les images bucoliques qui circulent sur les estives, façon vache «Milka», et ne réalisent pas les conséquences des divagations.

Les règles administratives et pénales applicables ne sont généralement pas connues des fonctionnaires de

1. Politique Agricole Commune

base. Et les personnels d'encadrement refusent de les faire observer parce qu'il est difficile d'affronter la délinquance de masse. Quelques-uns font des rapports qui restent lettre morte. La divagation systématique est un véritable moyen de pression qui est exercé sur nous. Mais nous ne voulons plus nous soumettre.

Des gens sont amenés à prendre position contre notre légitime combat. Ils sont soumis à un travail d'influence efficace. Nous entretenions pourtant jusque-là de bonnes relations. En vérité, quand l'État s'incline, les traditions claniques se renforcent et font la démonstration de leur pouvoir en chassant les indépendants. Nous nous sentons de plus en plus isolés parce que nous osons réclamer le respect de notre exploitation.

Et les choses ne font que s'envenimer. Un ami que je côtoie dans les foires où je commercialise mes productions me confie que l'un de mes voisins lui a dit : « Popoff, il faut qu'il arrête avec ses histoires. » On me lance régulièrement des piques : « De quoi tu te mêles ! » Je suis subitement devenu celui qui dérange.

En 2014, je contrains la gendarmerie à enregistrer la succession des agressions diverses comme un seul fait, dans le but de porter plainte pour harcèlement. Cela permet de décrire le mécanisme d'une contrainte continue. C'est un boulot fastidieux qui demande la coopération des institutions. Une coopération qui est rarement acquise. Les magistrats demeurent rivés sur l'élément fractionné par un numéro Natinf[1]. Or, là, le rassurant numéro n'existe pas, ce qui occulte le principe même de la pression exercée.

1. Le numéro Natinf désigne une nature d'infraction répertoriée.

Il nous aura fallu huit ans pour apporter la preuve de divagations massives, régulières, volontaires, qui aboutissent à la domination du secteur. Quant à décrire l'intention qui préside à cette série articulée d'agressions, elle est à la fois enregistrée et non condamnée. On veut clairement nous chasser.

Après huit ans de combat harassant, les autorités refusent toujours de reconnaître l'importance majeure des dégâts accumulés. Il nous est devenu presque impossible de poser les filets de récolte. Les vaches viennent y manger en détruisant les mailles, elles en ont pris l'habitude. Les greffes sont arrachées, les portails volés – cela facilite le vol de fourrage (ma précieuse matière organique) sur pieds. Les pistes que nous avions financées pour accéder à nos parcelles nous ont été interdites. Nous avons dû réhabiliter d'autres chemins qu'à nouveau certains veulent interrompre, pour en détourner le service à leur usage.

Pour préserver la régénération des mes arbres incendiés, je suis contraint de laisser pousser des ronces pour les protéger du broutage. Ce qui provoque des incompréhensions dans mes rapports avec les administrations agricoles, qui veulent conclure à un abandon. On ne peut laisser ni matériel ni engin sur place, car ils sont l'objet de détériorations, sabotages et destructions. Une facture salée, très mal remboursée par les assurances. Nous sommes donc contraints de faire des manutentions supplémentaires qui coûtent du temps.

Au bout du compte, on se retrouve dans la situation des coopératives agricoles de Calabre. Ma femme, avec l'association Crim'HALT qui lutte contre la mafia, a visité en 2020 celle de Valle del Marro. À la différence près que là-bas, elles sont reconnues comme victimes d'une situation identifiée grâce à l'exercice d'un droit adapté.

Il y a un schisme entre les procédures de droit privé, qu'on peut gagner quand elles sont correctement instruites, et le flux continu des divagations qui appartient à la gestion politique des administrations. Il est impensable que le fonctionnement des institutions puisse être incrémenté au jour le jour par la pression exclusive des intérêts de quelques Personnages, ou que la politique de l'État soit en dehors des lois. On ne peut pas demander aux plaignants d'assumer cette déviance sous le prétexte qu'ils représentent moins d'électeurs.

Tant que les autorités choisissent pour leur tranquillité de ne pas user des leviers qui sont les leurs afin d'obtenir effectivement et fermement la fin des divagations, je suis condamné à revenir inlassablement en procédures coûteuses. Devant ces insupportables perspectives à la Sisyphe, j'ai emmené à plusieurs reprises des animaux capturés sur mon exploitation aux sièges des autorités, notamment sur le boulevard Lantivy à Ajaccio, pour qu'une prise de conscience ait lieu. Et j'ose exiger régulièrement de ces administrations l'exécution des règles et pénalités applicables (Code rural, BCAE[1] et PDRC[2]). C'est une condition indispensable à l'exercice de mon travail. Je dois pouvoir effectuer mes récoltes et mes travaux sans avoir à maîtriser les troupeaux en lieu et

1. Bonnes Conditions Agri-Environnementales
2. Plan de Développement Rural de la Corse

place des titulaires du rôle et sans encourir l'agressivité de mes concitoyens. Je devrais même pouvoir compter sur le soutien des services agricoles.

Nous avons été agressés physiquement, nos véhicules ont été brûlés. La violence, omniprésente, est un langage qui dit les limites dans lesquelles on doit se tenir. Je peux toujours exister en vassal. Car apparemment, je n'ai pas droit gratuitement au respect de mon travail et de mon exploitation. Un jour, il nous a même été demandé 75000 euros pour être tranquilles sur nos terres...

Mais nous ne sommes pas au bout de nos surprises. En effet, des terres peuvent faire l'objet d'une revendication de primes sans preuves d'exploitation ni titre de jouissance. Un terrain qui ne bénéficie d'aucun soin ni d'aucune marque d'un élevage rationnel, faisant l'objet d'une occupation toute relative à l'aide d'une divagation, à l'insu éventuellement des propriétaires, est susceptible d'être le support de primes européennes depuis 2010, et l'est toujours en 2021.

Les hectares de bonnes terres de notre exploitation ont fait l'objet d'une telle revendication. C'est arrivé parce que les administrations ont négligé toutes les règles établies pour l'élevage, qu'elles ne sont pas même en mesure de les faire appliquer (les infractions sont légion) et qu'elles ne maîtrisent pas les exceptions concédées. Contre tout bon sens, les administrations ont exigé et obtenu de nous, victimes, la preuve qu'elles s'étaient trompées d'attributaires. C'est une situation improbable et douloureuse. Cela nous a coûté cinq années de coûteuses procédures et de nombreuses violences. Et mon exploitation reste à ce jour suffisamment squattée pour ruiner mon travail. Je n'ai obtenu ni protection ni soutien devant cette situation.

Entre les incendies, les squats et les alliances autour de ces opportunités, notre exploitation a perdu 70 % de sa surface, sur laquelle nous avions réalisé des travaux considérables. Malgré les obstacles qui encombrent nos emplois du temps, nous restons créatifs et exigeants sur les techniques adaptées aux bouleversements climatiques.

Dans le même temps, des élevages archaïques ont gonflé artificiellement leurs surfaces en multipliant leurs déclarants, souvent à l'aide de régularisations discutables, car il est impossible dans la majorité des cas pour des contrôleurs – en l'état actuel de la volonté de l'État – de savoir ce qui est réellement utilisé et géré et par qui, ou pour combien d'animaux. Pour deux exploitations agricoles identiques en surface pâturable et en nature et nombre d'animaux, le ratio des aides peut varier de 1 à 10 !

On se rendra compte des dégâts de cette attention exclusive pour les exploitations animales dans dix ans, ce qui donnera lieu à de nouvelles opportunités de réclamations.

En 2004 et en 2019, le bureau de la DDA[1] a été défoncé par un président de la FDSEA[2] et président de chambre d'agriculture, peut-être pour que tout cela ne change pas ? On n'a jamais vu pareille manifestation au sujet du réchauffement climatique, de l'érosion, des pandémies de l'olivier ou contre les divagations.

1. Direction départementale de l'agriculture.
2. Fédération départementale des syndicats d'exploitants agricoles.

Ces options agricoles peuvent correspondre aux caractéristiques des systèmes déviants de la répartition des subsides entre agriculteurs. Elles accumulent des incompétences qu'on érige en valeurs. Au final s'organise un système de dépendance à des pouvoirs occultes. Cela vous change un homme d'avoir à subir ce contexte où la liberté, l'égalité et la fraternité ne sont plus garanties. En 2018, face au risque de scandale, les autorités ont épinglé quelques abus, mais n'ont pas jugé grave de maintenir ces systèmes de rentes, si mal documentés, et n'ont pas exigé de compensations pour les filières abandonnées. C'est un paradoxe formidable que d'avoir besoin de l'État pour se sortir de là et de savoir que ses agents vont vous traiter en ennemi, parce qu'ils ne peuvent pas arranger votre sort sans reconnaître des défaillances de gestion, qu'elles soient volontaires ou accidentelles. Ne nous trompons pas, une multitude de gens ont eu à subir pareille situation à des degrés divers.

Mais se positionner contre ce modèle expose réellement les agriculteurs à des situations de disqualification. Il y a les diplomates, qui signalent des anomalies sans pouvoir s'y opposer et se contentent de ce qui reste. Certains fuient, d'autres s'adaptent ou se convertissent en perdant leur indépendance, et les moins scrupuleux reproduisent le modèle. La lutte appartient à ceux qui n'ont plus le choix de faire autrement. Pour eux, le déni du principe de violence programmée est grave. Reste devant les difficultés l'action collective et citoyenne qui fait aussi partie de notre ADN.

12

Anaïs Mattei : «Tu sais, il ne savait pas ce qu'il faisait»

À l'été 2020, un groupe de jeunes femmes se mobilise contre les violences sexuelles. I Was Corsica dénonce une face très sombre de la société insulaire.

J'ai été élevée au milieu de femmes, ce qui a forgé mon caractère féministe. Elles m'ont appris à dire «non». Toute ma vie, je me suis insurgée contre le patriarcat, qui a droit de cité sur l'île de Beauté. Durant mon enfance, je voyais croître les inégalités au quotidien, même au primaire. Je ne donnerai qu'un exemple : un jour, j'ai frappé un garçon qui avait soulevé ma jupe. Et c'est moi qui ai été punie... Longtemps je n'ai pas considéré que j'étais féministe. J'étais juste en colère contre l'attitude des hommes et les injustices.

Puis est venu le temps des recherches sur le féminisme sur Twitter, sur Internet, dans les livres. Et là, j'ai commencé à prendre conscience de la cause des femmes. Mais je menais un combat un peu toute seule, de mon côté, révoltée contre des gens façonnés par des siècles de fonctionnement archaïque, notamment par la croyance que l'homme doit dominer la femme pour asseoir son pouvoir.

J'entretenais des échanges réguliers avec des féministes très engagées. Puis est apparu en juin 2020 le fameux tweet « I Was Corsica », diffusé près de trois ans après le début de la vague #MeToo. Ça a été le déclic. Quand j'ai vu cette déferlante de hashtags, j'ai compris que beaucoup de femmes, souvent très jeunes, ont subi des abus sexuels en Corse.

En ce qui me concerne, j'ai été agressée sexuellement pour la première fois à dix-neuf ans. C'était à Montpellier, où je suivais mes études. Une soirée avec des amis a mal tourné. Le garçon a commencé par mettre ses doigts dans ma bouche. Puis j'ai violemment réagi quand il a cherché à passer sa main dans ma culotte et j'ai hurlé. Mes amis présents à la fête ont minimisé l'incident : « Tu sais, il ne savait pas ce qu'il faisait, il a pris de la drogue, il a bu. »

En septembre 2018 se déroule un événement bien plus grave. Je subis un viol à Aix-en-Provence de la part d'un jeune Corse avec qui j'étais sorti il y a quelques années. Il m'a forcé à faire ce dont je n'avais pas envie, malgré mes nombreux refus, tout en m'insultant. C'était violent. J'ai gardé le silence. Pour moi, c'est un viol, une atteinte à ma liberté de choix.

La situation de la Corse est spécifique. Tout le monde se connaît, c'est tout petit. Très souvent on croise plusieurs fois par jour son agresseur au bout de la rue. Tu ne dois pas parler pour ne pas devenir une cible dans ce petit monde fermé. Ici, on vit principalement dans sa microrégion, dans son village. Tout tourne autour de questions de relations personnelles. Cette loi du silence en Corse est instaurée depuis des centaines d'années comme un code de conduite.

On dit toujours que les filles sont protégées et respectées, comme des icônes. En apparence on pourrait penser que l'île est gérée par une société matriarcale où tu respectes avant tout ta mère et ta sœur. La femme serait donc protégée à jamais par le frère et le père. Mais tout cela n'est que légende et image d'Épinal. Encore une fois, le viol est quelque chose de brutal moralement, même si ça ne l'est pas forcément physiquement, ce qui est parfois difficile à comprendre. La Corse possède cette particularité que, dans 99 % des cas, l'auteur est quelqu'un que l'on connaît, donc susceptible d'exercer une forme d'emprise psychologique sur ce qui se passe par la suite.

Avec I Was, les filles ont déversé leur ras-le-bol sur les réseaux sociaux, puis se sont présentées dans le commissariat pour porter plainte. Le hashtag a fait boule de neige avec un effet démesuré. On ignore qui a été la première personne à tweeter, mais nous l'avons toutes repris, ce tweet libérateur. Entre 200 et 300 femmes se sont manifestées par des témoignages en message privé. Elles ne voulaient pas s'exprimer publiquement, mais nous parler à nous, pour pouvoir dire l'indicible.

De jeunes mamans nous ont affirmé leur soutien : « C'est bien ce que vous faites, continuez. » Des femmes plus jeunes nous ont expliqué avoir peur pour la situation des filles aujourd'hui en Corse. L'image fausse de ce monde insulaire exempt de violences sexuelles sur les femmes s'est fissurée.

Nous avons alors choisi d'aller plus loin, d'entrer plus profondément dans la logique de #MeToo en créant un groupe privé afin de livrer les noms de nos agresseurs. Mais bien trop de gens ont intégré ce groupe. Nous étions une cinquantaine. Ça a commencé à déraper. Nous ne maîtrisions plus la machine que nous avions lancée.

Les gens savaient qu'on dressait une liste noire d'agresseurs sexuels. Et une personne s'est mise à balancer des noms qui n'étaient pas impliqués dans de tels faits… Cette fausse liste a été largement diffusée, alors que nous-mêmes agissions en privé. En moins de deux heures, les noms étaient sur tous les réseaux. Nous avons subi insultes, menaces, injures d'une rare violence. Quarante-sept plaintes sous X ont été déposées contre trois d'entre nous. Les unes après les autres, nous avons été convoquées à la gendarmerie de Borgo pour nous expliquer, sans qu'aucune suite ne soit donnée à ces plaintes qui relevaient de la diffamation privée, rarement sanctionnée par les tribunaux.

En ce qui me concerne, j'ai livré trois noms d'agresseurs sexuels et violeurs et reçu en échange des menaces de mort. Océane, qui est l'une des militantes les plus jeunes, a, elle aussi, subi des menaces. Elle a balancé cinq ou six noms de garçons qui se sont rendus chez elle accompagnés de proches. Ils l'ont menacée devant ses parents qui ont… pris parti pour les accusés. C'est dire le niveau de pression exercé. Ça a été une période très chaotique.

L'histoire d'Océane est terrible. Elle a été agressée sexuellement par 7 garçons au cours d'une soirée de

Nouvel An qui se déroulait chez un ami. Les parents de ce dernier étaient présents dans la maison. La mère de l'« ami » en question est intervenue. Elle a jeté Océane dehors en lui lançant : « Je ne veux pas de pute chez moi. » La jeune fille s'est retrouvée à 5 heures du matin errant pieds nus sur les rails de la voie ferrée de Lucciana avec son soutien-gorge en bandoulière et ses vêtements déchirés… Son père est venu la récupérer.

Pour reprendre le fil des événements, le hashtag est sorti le 3 ou le 6 juin… Scarlett a reposté le tweet. On a commencé à se parler quand on a entendu que nous avions des plaintes contre nous. Après avoir été auditionnées le 15 juin, nous avons créé avec Scarlett, Lina, Océane et Léa un groupe Snapchat, puis un groupe WhatsApp. Bizarrement, plus rien n'a fuité. Nous étions cinq et formions un noyau dur, solide et opérationnel.

Est venu naturellement, au cours d'une discussion sur WhatsApp, le projet d'organiser une marche de protestation contre les violences sexuelles faites aux femmes. Scarlett a lancé l'idée qui a fonctionné. Nous nous sommes rapprochées de l'association Femmes solidaires et de l'association L'Arcu, qui défend les droits LGBTI[1]. Son responsable, Anthony C., m'a conseillé d'organiser la manif le plus vite possible. J'ai donc proposé l'idée aux filles, qui se sont rangées derrière moi.

1. En mars 2019, Marlène Schiappa, alors secrétaire d'État chargée de l'Égalité hommes-femmes, déclenche un torrent de haine homophobe après avoir envisagé dans les colonnes de *Corse-Matin* d'organiser une Gay Pride à Ajaccio… (*Corse-Matin* du 6 mars 2019, « À quand la Gay Pride à Ajaccio ? », Caroline Marcelin). Deux mois plus tard naît l'association Arcu, qui vise à protéger les droits des LGBTI (lesbiennes, gays, bisexuels, transgenres et intersexes).

Cela n'a pas été simple de l'annoncer à mes parents. Ils n'ont appris la nouvelle que quelques heures avant la manifestation de Bastia. Quant à mes grands-parents, ils l'ont découverte en regardant la télévision. Vous savez, le viol, c'est la honte, la culpabilité, le déni qui vous emprisonnent dans la solitude, et cette omerta qui pourrit la vie de l'île.

Mais je dois dire que ce 21 juin 2020, je me suis vraiment libérée de cet étau de culpabilité. Nous avons eu la bonne idée de programmer la manif pour la Fête de la musique afin d'attirer du monde. La semaine de préparation a été assez catastrophique. En fait, on ne savait pas par où commencer. Un ami a dessiné une affiche que nous avons balancée sur les réseaux sociaux. Énormément de gens ont été interpellés par cette communication. Du coup, nous avons reçu beaucoup de soutiens et beaucoup d'aide. Il fallait par ailleurs assurer des interviews tous les jours. Lina et moi étions déléguées pour parler aux médias.

Nous avons trouvé un local au restaurant Le Perchoir, à Bastia, situé dans le quartier de la citadelle. Son patron a été formidable. On a passé la journée à confectionner les banderoles comme de vieux briscards des manifs. Mais en réalité nous avions des difficultés à nous départir d'une profonde angoisse, celle que personne ne vienne au rendez-vous. Puis nous nous sommes regardées : « Puisqu'on est là, ce n'est déjà pas si mal... »

Ça a été la surprise. Devant le palais se massaient de plus en plus de manifestants. Nos pancartes se sont arrachées en trente secondes. Je me vois encore commencer la marche en descendant le cours Paoli avec une grande banderole déployée en tête de cortège : «Protégeons nos filles, éduquons nos fils.» Nous avons rassemblé entre 200 et 300 personnes, alors qu'au départ nous n'étions qu'une soixantaine. Plus nous marchions, plus les gens qui passaient dans la rue se joignaient au défilé.

Arrivées à la Saint-Nicolas, Scarlett, Océane, Lina, Léa et moi nous sommes retournées pour découvrir tous ceux qui nous avaient rejoints. Nous nous sommes mises à pleurer. Les gens nous embrassaient, nous prenaient dans leurs bras. Quelle victoire !

I Was Corsica est une nouveauté : un mouvement jeune qui a débuté sur les réseaux sociaux. En Corse, les gens ne savent pas forcément comment communiquer, mais nous, nous maîtrisons très bien ces fameux réseaux, nous avons grandi avec. Tout le monde doit se sentir concerné. Nous ne sommes pas en train de lyncher X ou Y, mais nous dénonçons des faits avérés.

I Was Corsica a été une bouffée d'air frais en Corse, le mouvement a brisé le silence complice. La parole s'est libérée, et pas seulement celle des femmes. Nous avons reçu des témoignages de garçons qui avaient subi des attouchements, voire des viols. Notre démarche est bénéfique pour toute la population, pour toute la société corse.

Le succès de la manifestation de Bastia a connu des suites. Des gens d'Ajaccio sont venus nous voir pour en organiser une chez eux. Parties sur notre lancée, nous nous sommes dit : «Dans deux semaines, on fait Ajaccio.» On a travaillé sur place dans un petit local avec les filles des collages féminicides[1] et l'association Donne e Surelle.

Nous avons organisé deux cortèges. Un premier cortège « I Was », suivi de celui contre les féminicides. Nous étions donc 600 personnes, avec tous les journalistes autour de nous. *Le Monde*, Brut, *Paris Match*, *Télérama*, *Corse-Matin*, RCFM, ViaStella, nous aurons même un article dans la presse anglaise. Il faut se rendre compte de l'énorme impact de notre initiative jusque dans les rues de Paris. Des militantes de la diaspora ont collé des affiches en langue corse sur l'île de la Cité avec des slogans comme *Isula di i ghjusti micca di quelli chi forzanu e donne* (« Île des justes, pas de ceux qui forcent les femmes ») ou *Un si micca sola* (« Tu n'es pas seule »).

La sexualité des femmes en Corse est taboue comme partout. Les hommes voient les femmes comme de petites choses qu'il faut protéger. Et en même temps on les violente dans les coins de porte. La femme ne doit pas rire trop fort. Elle doit se cacher du regard des hommes. Souvent les filles se font harceler car elles ont simplement un petit copain. Il en a profité, pourquoi pas moi ? En Corse, personne n'a de vie privée, nous sommes sans cesse observés. L'île est une société sous surveillance.

1. En janvier 2020, un groupe de femmes se mobilise pour organiser de nuit des collages dans les rues de Bastia et d'Ajaccio dénonçant les féminicides. Le mouvement s'était lancé au moment du meurtre, en mars 2019, de Julie Douib, tuée par son mari à l'île Rousse. Un féminicide qui sera le catalyseur d'une mobilisation nationale sur la question.

Alors que, je le rappelle, la sexualité est quelque chose de tout à fait naturel. Mais, en Corse, il faut que la femme préserve sa bonne réputation, affiche une image vertueuse. Un ami m'avait dit : « Je suis un homme féministe. » Seulement pour lui ça se limitait à défendre les droits des femmes d'un point de vue théorique. Il considérait que s'afficher comme l'ont fait certaines d'entre nous en sous-vêtements sur les réseaux sociaux, c'était quelque chose d'immoral, de mal. Pour moi, c'est simplement l'expression d'une liberté naturelle inhérente à toute femme, celle de se réapproprier son corps.

Nous sommes en 2020. Il faut que les gens arrêtent de parler de la vie sexuelle des autres. Je pense que les idées commencent petit à petit à faire leur chemin, les mentalités à évoluer. Certaines personnes ont complètement changé d'avis grâce à notre mouvement. Elles ont compris qu'il fallait qu'elles se déconstruisent et déconstruisent le stéréotype. Des pères de famille m'ont dit : « C'est incroyable, j'étais dans le déni. J'ai envie de me battre à vos côtés pour faire changer les mentalités. » Briser cette sale loi du silence et toutes ces valeurs ou supposées telles qui polluent le fonctionnement de la société insulaire. Nous avons malheureusement le sentiment que trop refusent encore d'évoluer, s'enferment dans leurs archaïsmes.

À la suite des manifestations, nous avons beaucoup travaillé en interne. Nous avons par exemple rencontré le préfet d'Ajaccio. Il a été question lors de la réunion de mener un projet éducatif, de mettre en place un suivi psychologique des auteurs destiné à éviter la récidive.

Un séminaire sur la question des violences faites aux femmes devait aussi se tenir. Aucune suite pour l'instant n'a été donnée à ces deux initiatives, et nous le déplorons.

Quatorze plaintes ont été déposées le 16 juillet auprès du commissariat de Bastia. Des victimes ont accepté de témoigner à visage découvert devant la police, ce qui a permis d'établir que deux femmes avaient eu le même agresseur. Avec Lina, on a formalisé par écrit les témoignages pour les rendre lisibles. On est allées au commissariat pour se mettre en relation avec le policier qui s'occupe des violences faites aux femmes. L'enquêteur, très empathique, s'est chargé personnellement de prendre les rendez-vous pour que les victimes puissent déposer plainte et trouver une oreille attentive, parler de leur calvaire, briser l'omerta, toujours. Il nous a confié un numéro personnel.

Depuis notre action, le mouvement est légèrement retombé. Nous n'avons reçu que trois ou quatre nouveaux témoignages, comme si la porte ouverte pour faire pénétrer l'air frais s'était brusquement refermée. Les gens ont réellement peur de déposer plainte à cause de relations familiales, de relations dans le village, le quartier.

Je pense que les autorités nous craignent, craignent notre spontanéité incontrôlable. Lina et moi n'avons pas eu de nouvelles de nos dossiers respectifs. Lina avait quinze ans quand elle a été forcée à un rapport sexuel par un garçon majeur. Elle avait échangé avec lui sur Snapchat et ils se sont retrouvés sur le port de Toga. L'agresseur l'a attirée dans le noir pour la violer.

Un autre homme est arrivé et a filmé la scène avec son portable. Lina, terrifiée à l'idée de voir la vidéo diffusée sur les réseaux sociaux, ne réalisait pas ce qu'il venait de se passer.

La peur de parler, la peur qu'on nous juge. Je me dois d'insister sur les rapports complexes avec l'autorité judiciaire. Nous avons rencontré une magistrate alors en poste à Bastia. Je l'ai trouvée très hautaine, je dirais même assez « méchante ». Nous sommes sorties de cet entretien les larmes aux yeux devant le peu de compréhension de sa part.

Nous avions pris l'initiative de ce rendez-vous. D'emblée, elle nous a clairement dit que nous agissions mal. Nous l'avons questionnée : « Expliquez-nous, quelles ont été nos erreurs ? » Elle a alors affirmé que nous n'avions pas donné les coordonnées des victimes et leur numéro de téléphone, ce qui est totalement faux. Elle nous a ensuite humiliées, nous disant que nous étions trop jeunes.

Je lui ai demandé pourquoi tant d'affaires étaient classées sans suite, dont un dossier de viol sur mineure assez parlant avec des preuves gynécologiques, et même des aveux de la personne. Elle m'a pourtant répondu « qu'il n'y a pas assez de preuves ».

La justice ne semble pas vraiment concernée. Le plus grave, c'est que c'était une femme en face de nous. J'ai interpellé cette fameuse magistrate : « Vous avez des enfants, et si cela arrivait à votre fille ? » Elle n'a pas su quoi répondre. C'est déplorable de devoir sans cesse jouer sur l'affect pour que les gens se sentent concernés.

En septembre 2020, nous avons décidé avec Scarlett, Lina, Océane et Léa de créer l'association Zitelle in zerga (« les jeunes filles en colère »). Comme nous sommes jeunes, on ne nous prend pas forcément au sérieux. Mais nous ne pouvons pas nous contenter de deux manifs et puis plus rien. Souvent, les associations en Corse regroupent des femmes plus âgées. Les plus jeunes auront maintenant tendance à venir nous parler à nous.

Je pense, et j'espère, que nous allons nous inscrire sur le long terme. Le combat continue. Nous tentons même d'étendre notre lutte au continent afin de porter le message le plus largement possible.

Maintenant ils savent qui nous sommes.

13

Carlu Pietri : « Que mes terrains demeurent inconstructibles »

L'auteur prête un pseudonyme à ce Corse de la diaspora soucieux de sa tranquillité dans l'île de Beauté. Il alerte sur les méfaits de la spéculation immobilière dans l'extrême Sud.

C'est une photo d'assassinat entre Porto et Évisa sur laquelle apparaissent un périmètre de sécurité, un fourgon de gendarmerie, la famille de la victime. Tous les corps constitués sont présents. Et trois cochons traversent paisiblement la scène de crime. Personne ne leur prête la moindre attention tant il est banal de voir passer des cochons n'importe où. Eh bien, tout est dit dans cette photo : c'est cela, la Corse.

Mon premier contact avec la « corsitude » a d'abord été à l'école sur le continent avec ces blagues un peu trop appuyées, ces moqueries. Sans parler de racisme, c'était plus lourd qu'on ne le pense. Pour exister, il fallait se battre davantage que les autres. Il fallait surréagir. Comme il m'a fallu surréagir dans les dîners en ville sur le continent, où invariablement le nom et le prénom « qui va avec » orientent la conversation sur la Corse, pour finir par la tout aussi invariable et stupide question : « Et comment la Corse ferait-elle pour vivre si elle était indépendante ? » Ce à quoi j'ai pris l'habitude de répondre qu'elle ferait comme la France : arrivée au mois d'octobre et ayant épuisé son budget, elle irait emprunter de quoi finir l'année…

Mon père parlait à la fois peu et beaucoup de la Corse, rarement à propos de l'actualité (y avait-il d'ailleurs une actualité en Corse dans les années 1950 ?), mais il exprimait des références, des fiertés. En fait, l'île le tracassait quand même beaucoup. Assumait-il parfaitement le fait de ne plus y être physiquement… mais d'y être encore par la pensée ? J'ai appris peu de choses sur la Corse à la maison, si ce n'est tout de même, et c'est sans doute essentiel, que j'étais *corsu*.

J'ai donc découvert que nous avions une propriété, un endroit plein de mystères, de gros rochers, où l'on pouvait se perdre dans le maquis, un monde merveilleux pour un garçon de dix ans. Mon grand-père la partageait avec sa sœur, une vieille fille qui n'avait pas trouvé de mari, nous étions après la guerre de 14. Trop d'hommes étaient morts au combat. Beaucoup aussi étaient partis sur le continent ou dans les colonies pour y faire carrière. D'une certaine façon, la Corse ne s'est pas remise de cette sale guerre.

Cette propriété avait une histoire. Elle avait « fait » le village, car les autres maisons étaient de simples *caseddi*[1] de bergers qui descendaient de l'Alta Rocca l'hiver et y remontaient l'été pour fuir la malaria.

1. *U caseddu*, cabane ou petite maison.

Il y avait la légende du «Mosconu», la grosse mouche, qu'on supposait répandre la maladie dans la plaine de Figari.

Je me suis donc «recorsisé» par paliers. D'abord je venais tous les ans pendant les vacances scolaires, puis celles que me laissait mon métier. Quand je débarquais, je faisais le tour des vieux, je respectais les codes et les ordres de priorité. Mais je n'ai jamais été vraiment affilié au clan. Depuis la retraite, je passe six mois de l'année en Corse et les six mois d'hiver sur le continent. Je dirais que cela me permet de d'avantage m'intégrer dans le tissu insulaire, tout en conservant un regard critique et distancié.

Chaque fois que je reviens du continent, je retrouve une famille qui m'attend. Quand vous arrivez, vous faites partie d'un système auquel vous n'échappez pas. Même si on vous traite quelquefois de «Gaulois», vous y retrouvez forcément votre place car, dans la tête des gens de l'île, vous n'êtes jamais parti. Vous allez «rentrer» un jour ou l'autre. Nous, les gens de la diaspora, ne serons jamais des étrangers dans le système.

Sans rien demander, car l'on répond rarement aux questions directes, j'apprends peu à peu les secrets de famille, généralement ceux des autres branches, celles de «petits parents». Ainsi le grand-père d'un tel avait-il tiré – et tué ! – sur un habitant du village après qu'une discussion politique avait été mal engagée. Les deux hommes avaient eu la mauvaise idée, à la sortie du café, d'aller soulager leur vessie au pied du même arbousier. Le grand-père de tel autre avait résolu une querelle de vol de foin d'un coup de pistolet, abattu l'indélicat pour finalement bénéficier d'un acquittement. Quand je demandais un service, celui d'obtenir par exemple une place au port pour mon bateau, les choses se compliquaient. On me disait : « Mais tu ne votes pas. » Alors au début j'ai fait comme les autres, j'ai voté pour le « clan ».

Aujourd'hui, et malgré mon profil de bourgeois de la diaspora, j'ai voté nationaliste aux dernières élections municipales. Je pense en effet qu'il vaut mieux sortir la souris qui grignote au milieu du fromage. Le temps que la prochaine revienne farfouiller dans la motte, je souffle un peu.

Je n'ai d'ailleurs pas de prévention particulière contre les nationalistes. Mes sympathies vont plutôt aux autonomistes qu'aux séparatistes. Comment ne pas laisser le domaine régalien à la France ? J'ai pu approcher le député de Corse-du-Sud, Paul-André Colombani, qui est un homme que je crois foncièrement honnête. Il a fait le job pour l'île et je ne vois pas d'incohérence à sa fréquentation.

D'un point de vue plus personnel, je suis toujours aussi inquiet sur le devenir des terres dont j'ai hérité, aujourd'hui inconstructibles, mais partiellement avec « vue mer ». J'ai du mal à imaginer le seul sort urbanistique qui leur soit réservé : des maisons avec piscine pour que les gros ventres de touristes repus prennent le soleil. Je suis parvenu à vivre ici sans vendre les bijoux de ma mère ni les terrains de mon père. C'est une fierté. Déjà, un mauvais jour, j'ai repéré un hélicoptère qui passait et repassait à basse altitude au-dessus de mes terres. J'avoue que depuis je me pose des questions.

Je suis sans doute l'un des rares en Corse à souhaiter que mes terrains demeurent définitivement inconstructibles. Ces surfaces ne sont manifestement pas assez éloignées de ce que l'on considère comme le triangle d'or de l'immobilier dans l'extrême Sud. Les prix flambent d'année en année.

Je ressens clairement une pression. Si l'on regarde les endroits encore verts où l'on voit la mer, ils sont bien rares, sinon inexistants dans un secteur qui s'urbanise de plus en plus. La pression ne cesse de monter, on construit, on bétonne de partout. Il se dit que sur la commune de Zonza près de 800 permis de construire ont été accordés sur la dernière année de mandat et qu'il était temps que la municipalité, tenue par une branche de Rocca Serra, passe la main.

Appliquer des règles spécifiques pour la Corse est légitime, mais il convient d'être vigilant pour qu'elles ne soient pas accaparées par n'importe qui. Le jacobinisme a vraiment montré ses limites. Quant au milieu, c'est comme un épouvantail, il fait peur. Jusqu'où vont ses tentacules ? Mais on ne peut pas dire non plus que les mafias tiennent (ou tiennent encore) toutes les banques, tous les tribunaux de commerce, toutes les chambres d'agriculture comme cela semblait être le cas il n'y pas si longtemps.

Quand il se dit que la bande Petit Bar investit 60 millions à l'étranger[1], ce n'est pas si considérable au regard

1. Voir chapitre 9 sur Pascal Bruno

des dizaines de milliards d'euros de chiffre d'affaires de la 'Ndrangheta calabraise. Il me semble qu'il y avait bien plus d'envergure du côté de la Brise de mer. Quant aux Corses de la Françafrique, je pense évidemment à Robert Feliciaggi ou Michel Tomi, ils me paraissaient vraiment d'un autre acabit.

Les rapports troubles avec les voyous ne datent pas d'hier. Au XIXe siècle les bourgeois en mal de sensations fortes allaient visiter les bandits dans leur tanière. S'ajoute une fascination des Corses pour les étrangers qui ont réussi, particulièrement dans le domaine du show-biz. Cela date de l'époque où l'île était abandonnée. Quand j'avais douze ans, je me souviens d'un baron venu du continent qui achetait de la viande de bœuf à la boucherie du village pour la donner à ses chiens alors que cette viande était très rare. Il n'y en avait déjà pas assez pour tout le monde.

J'aimerais insister sur l'assassinat du préfet Érignac. C'est une histoire épouvantable pour la Corse. La République n'a pas de raison de pardonner. Je trouve tout à fait normal que Mme Érignac se soit exprimée à Ajaccio au cours de la cérémonie en 2018 pour le vingtième anniversaire de sa mort et qu'elle en ait profité pour dire tout le mal qu'elle pouvait penser de la Corse. Malheureuse femme, malheureuse famille. Toutefois, la présence controversée à cette cérémonie de Jean-Pierre Chevènement aux côtés du président Macron me semble une maladresse. J'ai considéré en revanche l'absence de Jean-Guy Talamoni comme logique et respectueuse de la famille Érignac. Par contre, le fouiller, et d'autres élus avec lui, le lendemain à Bastia était une initiative et une vexation tout aussi maladroites[1].

Reste à résoudre l'énigme : qui a tiré sur le préfet ? Je suis convaincu que malgré sa condamnation, Yvan Colonna n'est pas l'auteur des tirs. Lors du procès, rappelons que ce dernier a dit : « Madame, ce n'est pas moi qui ai tiré sur votre mari. » Et il le dit en regardant Mme Érignac. Un jour, une fois sa peine purgée, il faudra que le berger rentre au village. S'il a tenu gratuitement et lâchement de tels propos alors qu'il était vraiment le tireur, comment pourra-t-il alors soutenir le regard de ceux qui savent ? Cela me paraît impossible.

Cette histoire Érignac est une catastrophe pour la Corse. Je l'ai très mal vécue. Je me considère comme atteint dans ma dignité de Corse et cette blessure se refermera difficilement : les médias omettent trop souvent de rappeler les impressionnants défilés de protestation de Bastia et d'Ajaccio qui montraient ce que la Corse pensait vraiment de cet assassinat. Et la Corse restera toujours l'accusée principale.

Les paillotes ? Même s'il en faut quelques-unes, toutes nos plages sont squattées et défigurées par ces abominables batteries de « lits-rôtissoires » sur lesquels grillent les touristes. Ceci vaut tant pour la partie domaine public que pour la zone privée située en retrait.

1. En février 2018, Emmanuel Macron fait une visite en Corse pour le vingtième anniversaire de la mort du préfet. Dans un discours très ferme, relayé d'ailleurs par celui de la veuve du préfet, Emmanuel Macron réaffirme l'autorité de l'État et fustige les auteurs, ce qui a pour effet de braquer la coalition nationaliste. Le lendemain, à Bastia, Gilles Simeoni et Jean-Guy Talamoni sont fouillés avant de rencontrer le président, ce qui a été vécu comme une véritable humiliation.

Ces propriétaires de paillotes ne paient rien à personne, tout au moins aux propriétaires privés concernés… On peut également se questionner sur cette occupation abusive du domaine public.

Je trouve cette situation insupportable. Après l'affaire Bonnet, plus personne n'a osé toucher aux paillotes[1]. Il semble qu'il y ait eu en 2018 une volonté plus affirmée qu'antérieurement de les faire reculer. Mais parasols et matelas ont repris du terrain depuis. On nous affirme que ces cabanes font vivre 800 personnes. Certes, mais c'est fort peu au regard de l'apport réel de ces mêmes plages à l'économie de l'île qui se retrouve confisquée par de sombres intérêts privés.

Pasqua a joué à tout mélanger, en pensant que les voyous et les natios allaient s'autoéliminer. Il s'est trompé, son mélange a mal tourné. Je me rappelle la mascarade de Tralonca[2]. Jean-Louis Debré croyait connaître la Corse à travers ses séjours chez ses beaux-parents de l'époque. Maintenant je pense qu'il a peur d'y aller. Le pire aura été cette grande guerre entre natios qui a été le catalyseur du passage à l'acte contre Érignac.

Puis j'en viens à un événement auquel, je l'avoue, je n'ai rien compris : le massacre des notables d'Ajaccio d'octobre 2012 à la mi-2013[3]. J'en ai déduit que le président de la chambre de commerce, Jacques Nacer,

1. Voir chapitre 14 sur Dominique Yvon.

2. Dans la nuit 10 au 11 janvier 1996, 500 militants du FLNC cagoulés paradent avec un impressionnant arsenal et annoncent une trêve à la veille de la visite d'un ministre de l'Intérieur. Tout aurait en fait été organisé avec la complicité des services de l'État.

3. Voir introduction et chapitre 4 sur Dominique Bucchini

criblé de balles dans sa petite boutique de la rue Fesch, était vraisemblablement un homme de paille. Quant à l'avocat Sollacaro, on n'a pas su vraiment s'il faisait des affaires et où ? Est-il mort parce qu'il était d'un côté et pas de l'autre ? Tout simplement ?

Quant aux voyous, ces gens-là font n'importe quoi, y compris se balader calibrés et en gilet pare-balles dans une voiture blindée immatriculée en Russie et floquée d'un macaron diplomatique[1]. Pour être franc, en ce moment, je n'ai pas forcément envie de comprendre. Reste-t-il une Brise de mer active ? La Brise a tenu, elle, pratiquement tout, des tribunaux de commerce aux différentes chambres économiques. La véritable heure de gloire de la mafia corse.

Globalement je suis méfiant et inquiet. Je pense que les mafias italiennes se sont faites à une époque différente et que la situation n'est pas comparable. Ces mouvements sociologiques se sont construits au XIXe dans la pauvreté du Mezzogiorno. La prospérité du milieu corse vient du développement du tourisme. Quand un milieu évolue, il devrait avoir tendance à s'embourgeoiser, à envoyer des enfants en Suisse pour qu'ils deviennent des gens plus convenables. Or ce n'est pas ce qui se passe en ce moment, les enfants continuent de venger les pères[2].

1. En novembre 2020, Louis Carboni, impliqué dans les démêlés avec la famille de Maxime Susini, est interpellé par les services des douanes à Vero. Il dit craindre pour sa sécurité depuis l'assassinat de son fils Tony en août de la même année à Ota.

2. Référence au double assassinat à l'aéroport de Poretta commis le 5 décembre 2017 impliquant les fils de Francis Guazzelli, une figure de la Brise de mer elle-même assassinée en 2009 à Penta-di-Casinca. Une affaire largement développée dans le livre *Vendetta* (Violette Lazard et Marion Galland, Plon, 2020).

D'un point de vue général, il me semble bien évident que l'on ne peut indéfiniment jouer la carte du tout tourisme, et cela m'inquiète. Je suis convaincu qu'il ne s'agit pas d'une manne durablement bénéfique. Cette activité n'est simplement qu'un moment dans la vie des sociétés occidentales trop bien nourries.

On a découvert les congés payés, l'exotisme, le *low cost*. Le tourisme ne porte-t-il pas en Corse les germes de sa propre destruction ? Il finit par tuer tout ce qu'il touche. Le tourisme c'est moche, cela laisse des villas partout, fermées l'hiver, c'est triste comme un parasol planté à Palombaggia, à Porto-Vecchio ou à Bonifacio sur la plage de la Rondinara. Le tourisme dégueule des lotissements, des résidences secondaires avec leurs réseaux et voiries, des équipements d'enlèvement des ordures, du personnel, etc., toutes choses actives deux mois dans l'année mais qui coûtent douze mois sur douze. Sans oublier la main-d'œuvre saisonnière en arrêt forcé la majeure partie de l'année.

Pourquoi ne pas faire réellement vivre cette île ? De Porto-Vecchio à Propriano, le nombre de 4 × 4 et de Porsche qui circulent est impressionnant. C'est la première génération qui gagne de l'argent. Il y a des billets qui circulent de partout. De l'argent entre les mains de certains, mais pas de tout le monde…

La grande problématique concernant l'avenir de la Corse, c'est que chaque fois que l'on donne du pouvoir aux habitants, cela finit plutôt mal. Ils ont l'incroyable faculté de se diviser et de se battre pour le moindre morceau de pouvoir. Ce vieil adage, dont on ne sait plus s'il circule en Corse ou dans la diaspora, « Frères à Paris, cousins à Marseille et ennemis au village» me revient toujours. Je donnerai une image : cette élection municipale de Carticasi, minuscule village de Castagniccia, invalidée par un arrêt du Conseil d'État car l'entrée de l'isoloir, sans rideau à cause du Covid, était mal orientée ! On ne lâche rien, même pour la mairie d'un village de vingt maisons...

Le consortium ? Il fait peur. J'ignore ce qui est dedans ou derrière. On y trouve tout ce qui pèse financièrement dans l'île ou presque. L'idée de créer une compagnie maritime régionale est inquiétante. Je n'ai aucune confiance dans les sociétés de transport qui sont en situation de monopole, encore moins quand les salariés sont les électeurs de l'employeur. J'ai en mémoire cette photo, encore une, où l'on voit les membres du consortium grimpant en blazer et lunettes noires un escalier à Marseille lors de la reprise de la SNCM en 2015. Drôle d'ambiance.

Vous me parlez des ports de plaisance situés au sud de l'île. Je connais mal celui d'Ajaccio et il y a peu à dire sur celui de Bonifacio, limité à l'étroitesse du goulet. Solenzara est bien équipé, espace de carénage suffisant, pontons fort bien équipés et accueil d'une grande amabilité. C'est là qu'il faut être pour être heureux. Pianottoli a le charme de la simplicité. La dernière fois – lointaine – que je l'ai fréquenté, il a fallu faire preuve de diplomatie pour amadouer un garde-chiourme bourru, jusqu'à découvrir *in fine* un type adorable.

Porto-Vecchio, c'est tout un symbole : le seul endroit du port d'où on ne voit pas le port, c'est sa capitainerie ! Les projets d'extension m'ont toujours semblé hors de propos. Plus qu'aux « grands bateaux » – qui ne se feront jamais entretenir avec les tarifs français trop élevés –, je crois en la petite plaisance qui attirerait suffisamment de clientèle pour des shipchandlers et des entreprises de maintenance.

Les projets connus semblent résolument orientés vers l'immobilier et... les coupables convoitises. N'a-t-on pas retrouvé des plans du projet d'extension dans la voiture de Richard Casanova le jour de son assassinat[1] ?

Je ne suis pas « rentré » en Corse pour faire de la politique, mais j'estime que sur ce territoire les Corses ont des intérêts à défendre, même si les populations locales ont tendance à se diluer. Les familles de la montagne partagent désormais la plage avec les insulaires de Bastia et d'Ajaccio, des continentaux fonctionnaires ou entrepreneurs et des saisonniers restés sur place.

1. Le même intérêt pour l'extension du port de Porto-Vecchio pourrait être à l'origine, en août 2011, de l'assassinat de l'homme d'affaires Fabrice Vial. Cette nuit-là, la victime est abattue d'un tir de précision alors qu'il se trouve en galante compagnie à l'arrière de son yacht ancré à quelques encablures de l'hôtel Casadelmar. L'auteur révèle dans une enquête parue dans les colonnes de *Paris Match* (« Meurtres en eaux troubles », Arnaud Bizot et Jean-Michel Verne, 17 août 2011) que la victime s'intéressait de près au projet d'extension du port. Très implanté dans le Var et propriétaire du chantier Guy Couach, Fabrice Vial était fort proche de Richard Casanova et de sa sœur, Sandra Germani. Le procès-verbal de synthèse de la gendarmerie ne confirme pas la thèse d'une association Vial/Casanova tout en soulignant que « la création d'un complexe nautique d'envergure à Porto-Vecchio permettrait [...] de se développer économiquement notamment par la création de golf, casino et infrastructure de luxe propres à pouvoir engendrer les appétits de certaines personnes ou organisations et de favoriser la corruption et le blanchiment d'argent » (PV de synthèse de la SR d'Ajaccio du 27 novembre 2015, p. 7). S'appuyant sur le témoignage de proches, Violette Lazard relance pourtant dans *L'Obs* (12 août 2020) l'idée d'une association effective des deux défunts sur le juteux projet.

On croise donc de moins de moins de vrais locaux *nustrale*. Les associations de Pinzutti prennent gentiment la main sur les activités, les clubs de bridge, les clubs de sport, etc. Le pays devient cosmopolite, baignant dans des intérêts financiers considérables.

Et je le regrette.

14

Dominique Yvon : « J'ai toujours des châtaignes dans la poche pour ne pas oublier d'où je viens »

Pour cet ancien responsable de l'association Anticor très engagé dans la lutte contre la corruption dans l'île, les grands secteurs de l'économie, des transports, des déchets et de la distribution manquent de transparence, voire, pour certains, sont en lien avec les mafias de l'île. Le dénoncer n'est pas sans risque.

Je me rappelle très bien mon grand-père qui a marqué ma vie et qui a incarné pour moi l'image de l'homme. Ma mère avait divorcé avant ma naissance. Je ne me couchais pas tant que mon grand-père n'était pas rentré. Je descendais dans le noir à sa rencontre. Parfois, il avait un peu taquiné la dive bouteille. Quand il arrivait, je lui servais la soupe. Je me rappelle aussi qu'il me tenait serré contre lui pour que je ne tombe pas de l'âne quand nous partions dans la montagne.

Mon grand-père décédé, j'ai rejoint ma mère, qui s'était remariée, sur le continent. Mais je suis rapidement retourné en Corse pour des raisons de santé, chez ma grand-mère, et j'ai commencé l'école à l'âge de sept ans. Nous vivions alors en clan avec une tante et un cousin germain. Ma grand-mère m'a très vite donné le rôle de l'homme de la maison. On m'a confié la responsabilité stratégique de faire les courses. Elle touchait chaque mois un pécule et avec cet argent j'achetais la farine que je remettais ensuite à une personne qui faisait le pain de la semaine.

Nous vivions dans une maison très rustique, le seul confort était l'électricité, tout juste l'électricité. Nous étions en 1953, nous vivions comme au XIXe siècle… La bâtisse était composée de deux étages. La partie basse était dévolue aux animaux, poules, chèvres, cochons. Le premier étage comportait les pièces de vie et dans la partie haute une grande pièce recelait au centre le séchoir à châtaignes, qui était la base de l'alimentation des animaux et de la famille. Au milieu de la pièce, un âtre (*u fucone*) dans lequel descendait une chaîne, à laquelle était accrochée une marmite qui servait essentiellement pour faire la soupe. Au-dessus de la marmite trônait un plateau qui empêchait les vers qui tombaient des châtaignes de plonger dans le chaudron quand on soulevait le couvercle pour touiller la soupe. Quand on se levait le matin, le parterre était tout blanc, grouillant de vers. Alors on les ramassait et on les apportait aux poules. Je voudrais dire comme Saint-Exupéry que « je suis de mon enfance, je suis de mon enfance comme on est d'un pays ». J'ai toujours des châtaignes dans ma poche pour ne pas oublier d'où je viens.

De toute cette période, une histoire m'a beaucoup marqué. Un cousin germain de mon grand-père a fait une enfant à une femme avec laquelle il n'était pas marié. Ce cousin, qui porte le même nom que mon grand-père, Polidori, a traîné des pieds durant des années pour assumer sa paternité. La reconnaissance devenait urgente, car celle qui s'était changée en une jeune femme devait bientôt se marier. Elle avait confié à sa belle-famille qu'elle était « une Polidori ».

Mon grand-père, après avoir sollicité à plusieurs reprises ce cousin pour faire cette démarche, comprenant que ce dernier n'irait pas à la mairie pour reconnaître l'enfant, est allé voir son épouse en lui disant que cet homme n'assumerait pas ses responsabilités, et donc qu'il irait à sa place. Et c'est ce qu'il a fait. L'enfant porte désormais le nom des Polidori. Cette capacité de pousser l'honneur avec un tel degré d'engagement personnel est sans nul doute à l'origine de mes valeurs, de mes racines, de mes engagements.

À l'âge de quinze ans et quatre mois, j'ai commencé à travailler comme aide vendeur au grand magasin du Printemps à Paris, où j'avais rejoint ma mère après le décès de ma grand-mère, un an auparavant. Puis j'ai pris goût au ski lors d'un séjour de vacances organisé par le comité d'entreprise. Ça a été une révélation, ce qui m'a conduit à faire mon service militaire dans les chasseurs alpins. Je suis ensuite devenu moniteur ; j'ai exercé notamment à la station d'Asco. Finalement, j'ai eu l'opportunité de rentrer au ministère de la Jeunesse et des Sports comme conseiller technique pour les activités de pleine nature. Ce poste de fonctionnaire m'a libéré de toutes les pesanteurs de la société corse.

Je commence alors à m'intéresser au fonctionnement de l'argent public. Le déclencheur a été l'année 1989, où l'on devait fêter le centenaire du retour des cendres de Pascal Paoli au village dont il est originaire. Morosaglia était sous tension. Les nationalistes refusaient que

François Giacobbi, alors sénateur et président du conseil général de Haute-Corse, organise les festivités. Ils estimaient que cet élu ne s'était jamais intéressé à l'histoire de la Corse et de Pascal Paoli. Cela étant, je tiens à préciser que s'il n'avait pas montré son intérêt publiquement pour l'histoire de l'île, François Giacobbi était un homme de grande culture, ce qui n'est pas toujours le cas aujourd'hui dans la classe politique. Alors, face à cette situation d'affrontement, le maire a annulé purement et simplement toutes les manifestations prévues pour l'occasion.

Je me suis mis à étudier de près les finances de la commune. De nombreuses personnes dans le village disaient : « Camille se gave. » Camille, c'est le prénom du maire, Simonpieri, qui a été membre du Parti communiste. Je constate en premier lieu que tous les travaux de la commune sont réalisés par une seule et même société, l'ETAB. Puis, je me rends à la chambre de commerce pour retirer le Kbis[1]. Je ne savais même pas ce que c'était. Puis je commande les statuts de la société. Les documents révèlent que le maire possède 70 % de la société et son fils 20 %. Et une inconnue apparaît comme troisième actionnaire.

Je comprends immédiatement que tout cela n'est pas légal et entreprends de potasser des bouquins sur les collectivités. J'identifie les documents qu'il est possible de se procurer. Les notions de contrôle de légalité, la Cada[2], etc.

1. Le Kbis est un document attestant l'existence d'une entreprise, et détaillant sa structure juridique, son capital, ses principaux dirigeants et son objet social.

2. La commission d'accès aux documents administratifs est une structure privée qui vise à faciliter l'accès des citoyens aux documents administratifs officiels.

n'ont plus de secret pour moi. Nanti d'une petite photocopieuse achetée d'occasion, j'écume les administrations et copie un à un les documents pour constituer des dossiers.

Ce que je découvre par mes plongées dans ce monde obscur et poussiéreux m'éclaire sur l'état de la commune et je prends peu à peu conscience du fonctionnement des politiques. Je m'aperçois que le maire programme des travaux, et grande est ma stupéfaction quand je me rends compte que dans les programmes précédents (des budgets primitifs) ces travaux ont déjà été budgétés, exécutés et payés. Il avait fait le choix avec le conseil municipal de les effectuer en régie[1]. Et en même temps, il les faisait facturer par son entreprise. Je constate qu'il est ainsi parvenu à flouer le contrôle de légalité, en affirmant qu'il travaillait en régie.

Quand son entreprise effectuait et facturait des travaux en dehors de la commune, il pouvait facilement fournir du matériel et le facturait à nouveau. Le matériel était donc payé trois fois.

C'est une période trépidante, car des personnes me contactent en effet après avoir été témoins de dysfonctionnements dans plusieurs communes, à l'image de ceux relevés à Morosaglia. Des dossiers édifiants me parviennent par ailleurs de façon anonyme. Mais ma priorité demeure mon village. J'ai le souvenir de ma première rencontre avec le procureur de Bastia, Roland Mahy[2], où je lui lance avec un brin de provocation : « C'est

1. La régie est un contrat où la personne publique assure la direction du chantier et le fait fonctionner avec ses propres biens et ses propres agents.

2. Roland Mahy est l'un des intervenants de *Juges en Corse*, *op. cit.*

le Dalloz ou la Winchester ? » Il me dit : « Ça sera le Dalloz. » Je suivais l'enquête d'assez près et les policiers ne parvenaient pas à « loger » le mystérieux troisième actionnaire qui ne possédait que 10 % des parts. Je me suis posé des questions sur le fait que les enquêteurs ne parvenaient pas à localiser ce mystérieux actionnaire. D'autant qu'ils m'avaient fait savoir que ce témoignage était capital.

Comme j'étais délégué du préfet pour les listes électorales sur la commune, j'ai pris contact avec le centre régional de l'Insee qui se trouve à Marseille. J'ai demandé si cette personne, dont j'avais toutes les coordonnées, prénoms et date de naissance, était inscrite quelque part, prétextant que je voulais réclamer sa radiation des listes de la commune. J'obtiens des informations sur une femme domiciliée à Gardanne (Bouches-du-Rhône) qui se trouve être la fameuse actionnaire mystère.

Son audition par les policiers révélera qu'elle a été inscrite à son insu dans le capital de la société... C'était une femme de paille qui ignorait totalement qu'elle en était une. Ce témoignage s'est avéré déterminant pour la suite de l'enquête.

Un certain nombre de personnes m'ont contacté pour mettre en place des associations dans leur commune. Personne dans le village ne pensait que je parviendrais à mes fins compte tenu de la proximité du maire avec François Giacobbi. C'est une période tendue où l'on me fait passer des messages du type : « Tu es bien gras, c'est l'époque d'abattre les cochons. » Bien que n'étant pas si gras, j'ai senti que je commençais à déranger.

D'autres maires ont été destitués par la suite par des associations usant de la même méthodologie. En 1998, peu après l'assassinat d'Érignac, le maire de Morosaglia est condamné. Le jugement est confirmé en appel.

À la suite de ces condamnations, Camille Simonpieri est démis de ses fonctions en cours de mandat en raison de son inéligibilité. Une élection partielle est organisée pour compléter le conseil municipal en vue de la désignation d'un nouveau maire. J'ai alors la faiblesse de croire que je peux entrer au conseil. Mais en fait, je ne serai pas élu. C'est ma première leçon de politique : élire quelqu'un comme moi n'a aucun sens. Les gens n'aiment pas entendre des vérités trop crues.

À partir de 1998 je franchis un nouveau cap dans mon combat. Je rencontre le préfet Bonnet[1] pour lui faire part de mon sentiment sur la situation de la Corse et la dérive mafieuse. Je rappelle que le président de la République, Jacques Chirac, a déclaré le 16 juillet 1996 : «Il faut éradiquer les mafias de Corse.» Le préfet Bonnet m'affirme qu'il a l'intention de s'attaquer au système de clans et j'échange avec lui sur la notion de clanisme. Je lui explique que le clan n'est pas quelque chose de spécifique à la Corse puisqu'un philosophe

1. Bernard Bonnet est nommé en Corse par Jean-Pierre Chevènement pour ramener l'ordre public dans une île à la dérive à la suite de l'assassinat de Claude Érignac. Il s'acquitte de sa tâche avec zèle, un peu trop sans doute, puisqu'il est limogé au bout de quelques mois et condamné par la suite dans l'affaire des paillotes pour avoir commandité l'incendie criminel de Chez Francis. Le préfet affirme par ailleurs avoir été en contact avec un mystérieux informateur surnommé «Corte» qui lui a livré des informations sur l'assassinat de son prédécesseur. Il témoignera aux différents procès d'Yvan Colonna.

politique anglais du XVIIe siècle, Thomas Hobbes[1], avait déjà développé l'idée du fonctionnement des systèmes clanistes dans toutes les sociétés.

Je rappelle au préfet qu'à l'arrivée de Pascal Paoli il y avait 800 vendettas par an et que peu de temps après on était tombé à seulement quatre assassinats. Pour moi, Paoli a certainement étudié lors de son séjour à Naples la pensée de Hobbes et c'est pour cela qu'il a rapidement mis en place une justice efficace qui s'appelait « Giustizia Paolina » pour démontrer qu'il fallait un État fort. Le préfet Bonnet m'a assuré qu'il voulait rétablir l'autorité de l'État.

J'adhère fin 2010 à l'association Anticor avec Vincent Carlotti, qui devient référent principal en Corse et moi coréférent – je lui succéderai par la suite, puis quitterai cette fonction début 2021 en raison de profonds désaccords sur les orientations et la gouvernance de l'association au plan national. Très vite, nous sommes interpellés par un informateur qui travaille sur le dossier des gîtes ruraux[2]. Ce qui amène Anticor à déposer plainte avec constitution de partie civile et aura pour conséquence un projet avec condamnation de responsables politiques. J'ai suivi toutes les audiences en compagnie de l'avocat d'Anticor. Il m'est apparu fondamental qu'à travers nous ce soit la voix des citoyens qui pénètre dans le prétoire, ce qui a fait dire à certains

1. « Faute d'un pouvoir central, d'une police, on ne peut que rendre justice soi-même. » « Ces vendettas sont endémiques dans cette société sans État, car celle-ci ne peut fonctionner autrement. » Thomas Hobbes eut une influence considérable sur la philosophie politique moderne.

2. Voir chapitre 1 sur Vincent Carlotti.

avocats qu'il n'y avait pas un mais deux procureurs dans la salle. J'ai alors compris beaucoup de choses. Puis nous parviennent des informations très sensibles sur les primes agricoles.

C'est bel et bien Anticor qui a dénoncé un système de fraude organisée impliquant non seulement un certain nombre de services de l'État comme la DDTM, mais également les chambres d'agriculture et certains syndicats agricoles. Les choses ont commencé à sérieusement bouger quand nous avons déposé deux plaintes auprès du parquet national financier. La première est redescendue au parquet d'Ajaccio, qui gérait d'autres enquêtes. La seconde, avec cette fois-ci constitution de partie civile, a amené l'ouverture d'une information judiciaire par le PNF et la désignation d'un juge d'instruction.

Mais nous n'en resterons pas là. En 2018, nous saisissons l'Olaf[1] pour la première fois sur des cas qui laissent vraiment apparaître un système de fraude. Et cette année-là, l'Olaf vient enquêter en Corse sur cinq cas précis et en informe le gouvernement français.

En fait, le système est très pervers : on peut déclarer des terrains et toucher des aides sans avoir à justifier d'un titre de propriété ou d'un bail. La seule limite est de ne pas faire un doublon avec un autre déclarant sur la même surface.

Nous avons constaté que plus l'agriculteur déclare de superficie, plus il va percevoir d'argent en fonction de la qualité fourragère de l'espace qu'il déclare lui-même. Les gens déclarent des surfaces assez importantes pour

1. Office européen de lutte antifraude.

toucher de 250000 à 300000, voire 400000 euros par an. On a vu ainsi les membres d'une même famille qui déclarent successivement des lamas, des alpagas, des daims… des espèces qui ne sont pas élevées en Corse.

On ne peut que se poser des questions sur le contrôle. Qui regarde ces déclarations ? Le circuit passe par la DDTM. Les techniciens qui opèrent dans ce service ont ainsi la faculté d'avoir une influence sur la répartition de la manne des aides en fonction des intérêts politiques et syndicaux des uns et des autres[1].

Je tiens à souligner que des lanceurs d'alerte ont beaucoup concouru à relever des dysfonctionnements. Nous avons reçu une lettre anonyme fort bien instruite, très explicative, émanant manifestement d'un fonctionnaire bien placé. Elle nous a permis de mettre les informations en adéquation avec les sommes perçues. Nous nous apercevons qu'existent des groupes de fraudeurs fermés. Le directeur de la chambre d'agriculture de Corse-du-Sud est ainsi soupçonné d'encaisser avec des membres de sa famille 470000 euros par an. Ces gens sont adossés à une société immobilière à laquelle ils envoient du cash sans aucun contrôle. Dans cette famille, le plus jeune a vingt-deux ans et il touche 110000 euros par an[2].

1. Deux enquêtes de l'Olaf en Corse confirment en 2018 et 2019 que 100000 hectares ont été frauduleusement déclarés éligibles aux aides de la PAC pour un total de 35 millions d'euros détournés sur cinq ans.

2. Selon la justice, l'escroquerie monterait à 1,4 million d'euros sur trois ans. Plusieurs biens ont été saisis à titre conservatoire par l'Agrasc, l'organisme chargé de la saisie des avoirs criminels. L'enquête relève en effet des investissements immobiliers à Ajaccio et sur la côte occidentale. (*Corse-Matin* du 15 septembre 2020, « La justice frappe la criminalité organisée au portefeuille en Corse », Julian Mattei.) Le procès prévu en novembre 2020 a été renvoyé en septembre 2021.

Nous avons levé d'autres dossiers, par exemple celui de l'office des transports, qui, pour moi, est le plus sensible. Nous avons opéré un signalement à l'Europe et au préfet de Corse. J'attends impatiemment la suite qui va y être donnée[1]. Les conséquences financières pour la collectivité sont très importantes, car la Corsica Linea a repris la DSP de la SNCM[2]. L'Europe a demandé le remboursement de 220 millions d'euros, ce qui a permis à son concurrent, la Corsica Ferries, de déposer un recours auprès du tribunal administratif et d'obtenir en première instance 84 millions d'euros de dédommagements.

Dans le domaine des transports, les nationalistes n'ont fait que se glisser dans les habits de la mandature précédente. Ils s'y sont engouffrés sans se poser aucune question sur le versement de dizaines de millions d'euros. Ce qui m'inquiète, c'est de constater que ces mêmes nationalistes, affirmant qu'ils allaient gérer la Corse de façon différente, n'ont absolument rien fait ou fait pire. Ils avaient prêté serment de créer la « maison de cristal » et de jouer la plus totale transparence.

C'est tout le contraire qui s'est produit. Je témoigne qu'en tant que représentant d'Anticor je n'ai toujours pas les réponses à certaines interrogations. J'en veux pour preuve que, courant septembre 2020, le président

1. Dans un courrier adressé le 26 novembre 2020 au préfet de Corse, Dominique Yvon fait référence aux conclusions d'un rapport de l'autorité de la concurrence : « En tout état de cause, de sérieux doutes existent sur les expertises préalables réalisées en 2018 et 2019 ayant servi de base à l'évaluation du besoin en service public, qui sont pourtant essentielles afin d'assurer un calibrage proportionné de l'intervention publique dans le secteur de la desserte maritime. L'absence de prise en compte de facteurs objectifs pourrait justifier la mise à plat de cette question. »

2. Voir chapitre 6 sur Catalina Vesperini.

de l'assemblée de Corse a fait adopter la création d'un comité pour la transparence auquel siégeront des membres de droit désignés par la délibération de l'assemblée. J'ai pu constater à la lecture de la composition de ce comité qu'Anticor n'en fait pas partie. Tout est dit[1].

Sans oublier l'émergence du consortium, cette holding qui s'est mise en place en 2016 et profite pleinement pleinement de l'argent public de la continuité territoriale. Mais semble en situation de devoir le restituer selon les règles européennes.

Autre dossier ô combien sensible, le traitement des déchets, qui englobe le transport intra-muros et le trafic extérieur. Et chaque fois ce sont les deux mêmes entreprises qui soumissionnent aux marchés et obtiennent de l'argent des collectivités. Elles possèdent non seulement les camions pour les transports, mais également les bateaux destinés à charger les déchets en vue de leur traitement sur le continent. Elles ont tout. Ces gens-là sont aujourd'hui en situation de monopole. Les problèmes des déchets sont les mêmes depuis vingt-cinq ans. On ne s'est jamais posé la question de savoir combien tout cela coûte à la collectivité et dans les poches de qui va cet argent.

Pour y voir clair, il serait opportun d'ordonner un audit pour analyser le fonctionnement du Syvadec[2] et avoir une ventilation des différents coûts. Il conviendrait ensuite

1. Le 4 novembre 2020, un courrier est adressé au président de l'assemblée de Corse, Jean-Guy Talamoni. « La réalité est qu'Anticor dérange par sa présence, par ses différentes démarches et surtout par tout ce qu'elle dénonce », écrit notamment Dominique Yvon.

2. Syndicat de valorisation des déchets de Corse.

de redescendre aux intercommunalités, qui ont la responsabilité du ramassage. Comment ces coûts sont-ils répartis ?

Prenons l'exemple du cap Corse. Les services de ramassage sont regroupés entre différentes municipalités. Les bennes amènent les déchets sur une plate-forme qui les répartit sur des camions. Ces derniers se dirigent vers les centres d'enfouissement, qui, pour la plupart, sont situés au sud de l'île. Comme les poids lourds sont trop imposants pour y accéder, les déchets sont transférés sur une autre plate-forme pour être rechargés sur d'autres véhicules qui, eux, peuvent atteindre la destination finale. Cela nécessite au total trois manutentions. Et chaque fois on passe à la caisse.

Un rapport de la chambre régionale des comptes (CRC) relevait ainsi que les déchets qui arrivaient sur les plates-formes destinées à l'enfouissement étaient souvent mouillés pour faire du poids. Les bennes sont passées au jet, ce qui accroît de façon significative le prix facturé aux collectivités. Et ce sont les contribuables qui paient. La redevance pour les ordures ménagères n'est pas actuellement en adéquation avec le coût réel. Et elle va sans doute augmenter dans de larges proportions dans les années à venir. Un petit nombre de personnes gagne beaucoup d'argent. Et il y a des gens en Corse qui ne veulent pas que cela change. Je pense en particulier aux transporteurs.

Anticor a souhaité que se constitue un front de citoyens et d'associations afin d'analyser toute la comptabilité du cycle de gestion, de l'instant où le sac est placé dans la poubelle jusqu'au traitement final.

Combien coûte le Syvadec, qui a été créé de façon totalement artificielle ? Que dire de l'office de l'environnement ? On relève une noria de postes qui doublonnent et de gens qui se marchent sur les pieds. Le traitement des déchets en Corse s'apparente à un système mafieux, car ce secteur juteux génère beaucoup d'argent[1]. Il y a des analogies avec ce qui se passe dans le midi de la France et en Italie avec l'intervention de la 'Ndrangheta et de la Camorra.

Prenons maintenant le domaine de l'hydraulique. L'office d'équipement hydraulique de la Corse est un outil précieux et innovant. Pourtant, la plupart des grandes communes attribuent les contrats d'affermage à des compagnies privées. Quand les nationalistes sont arrivés au pouvoir, ils n'ont pas été en mesure d'imposer de nouvelles normes. Ajaccio est par exemple en contrat avec Kyrnolia, qui gagne beaucoup d'argent. Mais si l'office avait les contrats d'affermage pour gérer la distribution, c'est la collectivité qui dégagerait du profit sur Ajaccio pour le réinjecter dans d'autres régions en manque d'eau, comme le cap Corse ou une partie de l'extrême Sud. Tout cela dans un souci d'équité et dans l'optique de se donner des moyens financiers pour anticiper les conséquences des changements climatiques.

Des collectifs sont apparus pour dénoncer la dérive mafieuse. Leur constat aujourd'hui est celui que tout le

---

1. En août 2019, Alexandre Lanfranchi, gestionnaire du centre d'enfouissement de Viggianello, affirme sur l'antenne de RCFM être victime de pressions, ce qui l'amène à circuler en voiture blindée accompagné de gardes du corps (site de RCFM, 22 août 2019, Olivier Maurel.)

monde fait depuis un certain nombre d'années. Pourquoi tout bloque ? Pourquoi rien n'évolue ? Sommes-nous confrontés à une réelle volonté politique que rien ne bouge ?

La société corse est totalement maillée par un système politique qui accepte les situations et ne dénonce jamais rien. Je prends un exemple. En 2019, la CRC publie trois rapports importants sur le tourisme, le CFC (le chemin de fer corse) et l'office des transports. Chacun d'eux montre des dysfonctionnements, des distorsions de concurrence et une grande gabegie financière.

La collectivité, qui est concernée par ces documents, se doit d'en débattre en assemblée plénière. Or, quels que soient les domaines qui sont dénoncés ou désignés par ces rapports, aucune question n'est posée à l'Assemblée sur le pourquoi et le comment des choses. Les politiques assument sans sourciller les dysfonctionnements qui peuvent être dénoncés. Les oppositions savent que si elles posent aujourd'hui trop de questions dérangeantes, d'autres les poseront demain s'ils parviennent au pouvoir.

S'ajoutent beaucoup d'influences internes et externes néfastes qui participent au blocage de la situation. Ces influences sont fortes et liées directement au milieu de la franc-maçonnerie, très présente en Corse. Les différentes loges et obédiences font que tout le monde se retrouve « frère ». Ces loges ont accueilli des gens pas toujours recommandables et leur initiation les a en quelque sorte « notabilisés ». Certaines personnes n'ont pas vraiment le profil de notables, mais plutôt de gens « borderline » qui ont réussi à entrer dans le système.

Ils influencent des intérêts particuliers, parfois très particuliers...

Ces gens « borderline » et bien initiés ont quelquefois des liens directs avec le grand banditisme[1]. Cette main mafieuse, ce système, peut se traduire par des événements comme les multiples incendies criminels d'engins de chantier. Pour faire face à la concurrence, c'est le briquet, élément indispensable pour concurrencer le concurrent. Il y a une forme de découpage, de nettoyage du terrain.

Prenons le BTP. En Corse, on compte une centaine d'entreprises capables de réaliser certains travaux. Mais plus il y a d'entreprises, plus l'offre se rétrécit. Et quand on élimine les concurrents, on fixe soi-même les prix du marché en le « rétrécissant ». On arrive à une restructuration de l'offre avec des tarifs largement supérieurs à ceux du continent. Les collectifs s'insurgent contre cette montée de la mafia, c'est une bonne chose. Mais il est important de démonter, d'expliquer les mécanismes. Personne n'arrête la marche de ces gens-là. Toute l'île est en coupe réglée.

Qui tient le système ? Une cinquantaine de personnes tout au plus. Ce sont des individus qui sont capables de

1. En novembre 2020, *Mediapart* révèle les liens d'un certain Dumé Lucciani, membre du Grand Orient de France, avec un ancien responsable du groupement de gendarmerie de Haute-Corse. Appelé par la suite à de hautes fonctions, ce dernier est lui-même membre de l'obédience. Or, Dumé Lucciani, surveillé par les policiers, se trouve en lien étroit avec l'entourage de Jean-Luc Germani, alors recherché, et se prévaut sur des écoutes de ses liens avec « notre ami gendarme » (*sic*) (*Mediapart*, 12 novembre 2020, « Le gendarme de l'Élysée avait des liens avec le milieu corse », Mathieu Suc et Brendan Kemmet).

se placer et de mettre des hommes à eux dans des postes clés. La frontière entre le monde politique et le monde des affaires est désormais très mince.

Comment en sommes-nous arrivés là ? Pour moi la décennie 90 a été un décennie charnière qui a commencé par le plan Joxe, une avancée significative vers plus d'autonomie et de démocratie. Concernant la démocratie, il a été décidé au plan gouvernemental la refonte totale des listes électorales en Corse, fait unique dans les annales. Cette décennie semblait débuter sous les meilleurs auspices. Mars 1992 les nationalistes obtiennent leur meilleur score, 25% des voix. Mais 1992, c'est aussi un événement qui vient assombrir l'horizon. La tragédie de Furiani avec les conséquences que l'on sait. Ce drame a été bien plus que l'effondrement d'une simple tribune. Une guerre fratricide et terriblement meurtrière les oppose les nationalistes, avec en toile de fond des intérêts affairistes. Cette guerre est marquée par un événement insensé : la lecture par un commando cagoulé du FLNC d'un communiqué revendiquant l'assassinat de Robert Sozzi[1] lors des Journées internationales de Corte. Il est honteux et déshonorant que des avocats aient notamment applaudi au cours de ce sinistre happening. Au milieu de tout ce chaos survient l'assassinat de Claude Érignac suivi par l'affaire des paillotes. Une commission d'enquête présidée par Jean Glavany est

1. Robert Sozzi est un militant de la Cuncolta naziunalista (la vitrine politique du FLNC, dit « canal historique ») assassiné le 15 juin 1993 par ses frères d'armes. Il lui était reproché d'avoir dénoncé les liens du président du Sporting de Bastia avec la section bastiaise du FLNC. Une situation qui aurait conduit à bourrer le stade pour d'obscurs intérêts financiers.

réunie à la suite de l'assassinat du préfet. Elle révélera les carences de l'état de droit en Corse, l'emprise du crime organisé, un clientélisme installé et un manque de rigueur dans la gestion des collectivités locales. Mais c'est bien envers l'action des pouvoirs publics que ce rapport datant de plus de vingt ans est le plus sévère. Récemment, la commission de la concurrence a rendu elle aussi un rapport analysant plusieurs secteurs économiques de l'île. L'institution constate un immobilisme, sinon une dégradation de la situation.

Nous portons toujours à ce jour les stigmates de cette période qui a conduit à la « mithridatisation[1] » de la société corse. Aujourd'hui la société a besoin de changer de paradigme et ce changement ne peut s'opérer que par la volonté des citoyens. La classe politique ici comme ailleurs est complètement discréditée, démonétisée et il n'y a plus rien à attendre de ce côté-là. Les citoyens ont vraiment cru que le changement de majorité en 2015 apporterait cette rupture tant attendue. Le principal échec des nationalistes est de ne pas avoir répondu à cette attente.

Je terminerai mon propos par une citation de Bossuet que chacun interprétera à sa façon : « Dieu se rit de ceux qui déplorent les effets dont ils chérissent les causes. » Et je conclurai : « *Alta alatis patent*[2]. »

1. Le fait de s'immuniser contre un poison en ingérant progressivement des quantités de produit toxique.

2. « Le ciel est ouvert à ceux qui ont des ailes. »

Scandola dans l'œil de la mafia

L'environnement n'échappe pas à l'emprise mafieuse. Menaces et intimidations sont de mise dans la réserve naturelle de Scandola, avec comme enjeu, la manne du tourisme. Certains résistent.

Nous sommes en décembre 2020 et la décision tombe comme un couperet de guillotine. Le comité permanent de la convention de Berne décide de ne pas renouveler le diplôme européen des espaces protégés du site de Scandola, et ce devant les représentants de 47 pays membres de l'Union européenne. Le comité, qui laisse une petite porte ouverte, exige pour revenir sur sa décision des «preuves suffisantes d'amélioration». Cette décision est un camouflet, voire une humiliation pour le pouvoir nationaliste pourtant très à cheval sur les questions d'environnement.

Scandola était jusque-là la perle de la Corse, un joyau unique situé au sud-ouest de l'île, avec ses falaises de roches rouges qui plongent vers la mer entre Cargèse et Porto. La pression touristique – terrible symptôme longuement décrit dans cet ouvrage – vient de faire une nouvelle victime. Ce site de 1 669 hectares qui recèle une biodiversité incroyable devient l'objet d'appétits bien éloignés de la défense de l'environnement. Et, pour certains, des appétits générés par des intérêts clairement mafieux.

Pour comprendre, il faut remonter au milieu des années 1970 où il a été décidé de créer ici une réserve naturelle dont le symbole serait un rapace oublié, le balbuzard que l'on surnomme en Corse l'Albana. Le *Pandion haliaetus* est un oiseau de belle allure puisque son envergure peut atteindre 1,70 mètre. Il fait ses délices des zones poissonneuses comme Scandola. Ne subsistent à l'époque en tout et pour tout que deux couples en faculté de se reproduire. Quarante-cinq ans plus tard, le sublime volatile est devenu un véritable enjeu politique sur fond d'intérêts financiers, pas toujours réguliers.

Toute une chaîne vertueuse s'est mise en place ces dernières décennies pour redonner vie à la diversité biologique de Scandola. Les grands spécialistes, les meilleurs scientifiques, ont désormais les yeux rivés sur ces nids imposants perchés sur les hauteurs. Un rigoureux plan de gestion a débuté à l'initiative du sénateur François Giaccobi, également à l'origine de la création de la réserve naturelle. Le site s'est mis à développer au fil des années une importante ressource halieutique.

Ce que les biologistes appellent « l'effet réserve » produit une régénération de l'écosystème non seulement dans la zone préservée, mais également dans les secteurs ouverts à la pêche. Les professionnels, jusque-là réduits à ne ramasser que quelques espèces médiocres, remontent dans leurs filets langoustes, bonites et autres loups. Le revenu et le train de vie explosent. Les pêcheurs se «notabilisent», arment d'imposants bateaux, créent des hôtels, bâtissent des maisons et roulent dans des voitures de grosse cylindrée. La réserve assure le développement économique du secteur.

Dès lors, Scandola n'a cessé de rayonner dans le monde entier, notamment grâce à de multiples reportages de chaînes de télé comme la BBC ou d'émissions comme Ushuaïa Nature. Peu à peu, les labels (Natura 2000, aire marine protégée, classement au patrimoine de l'Unesco et diplôme européen des espaces protégés) sont décernés comme autant de décorations honorant le travail de ceux et celles qui se battent pour la préservation de l'environnement.

Rentré comme simple employé dans les années 1980, Jean-Marie Dominici est de ceux-là. Il a gravi tous les échelons pour prendre la responsabilité du site. La Corse est faite elle aussi de ces passionnés qui ne comptent ni leur énergie, ni leur temps pour préserver leur île.

Le succès aidant, un autre lobby grandit, mû quant à lui par l'appât du gain, celui des bateliers qui ont parfaitement évalué la manne financière que représentait la venue de touristes et le profit qu'il pouvait en être tiré. Mais il y a un revers à la médaille. On le sait, le nautisme, particulièrement les embarcations à moteur, est nuisible pour l'environnement. Trop de bateaux de vacanciers, de navires de promenades en mer traversent la zone dans laquelle tout mouillage est interdit.

Dès 2005, les scientifiques déplorent un fléchissement de la régénération de la biodiversité sur la zone.

Les balbuzards sont clairement perturbés par la présence de ces bateliers qui viennent mouiller à l'aplomb des nids. Chaque fois qu'un bateau s'approche, le balbuzard s'envole. Toute la chaîne de reproduction s'en retrouve perturbée. Alors Jean-Marie Dominici joue les lanceurs d'alerte, rend des rapports alarmants.

Mais au lieu de se tasser, le business trouble continue de plus belle, au grand dam des défenseurs de l'environnement. En 2010, les experts européens, qui renouvellent tout de même leur agrément pour une durée de dix ans, mettent en garde la France en réclamant déjà une plus grande maîtrise de la fréquentation. Mais c'est tout le contraire qui se produit.

Aux côtés des traditionnels bateliers et de leurs imposantes vedettes apparaissent ces dernières années des bateaux de 9 mètres, mus par plusieurs moteurs de 350 chevaux. Ce sont de grands pourvoyeurs de pollution, notamment acoustique. Ces *go-fast* gorgés de touristes multiplient les allées et venues pour faire du chiffre. « Il est clair que la mafia investit sur ce type de fréquentations », déplore un acteur, qui refuse de témoigner dans cet ouvrage à visage découvert, tant il craint pour sa sécurité. D'où la nécessité de vous raconter cette incroyable histoire.

La mafia est évoquée par le témoin mystère. Mais de quelle mafia s'agit-il ? Nous avons vu précédemment que le clan Federici avait notamment jeté son dévolu sur le business des promenades à Bonifacio[1]. Ici, c'est une autre équipe qui est sur la sellette, en l'occurrence

1. Voir introduction.

celle du Petit Bar, objet depuis quelques mois d'une attention particulière de la part de la justice et de la police[1].

La poussée est régulière : pour la seule année 2015, 10 à 15 bateaux supplémentaires sont mis en service dans une sorte d'anarchie qui crée une véritable guerre entre bateliers. Trop d'argent est en jeu.

L'arrivée des nationalistes au pouvoir en 2015 a fait naître un réel espoir quant à la préservation du site. Mais, en réalité, personne ne semble en mesure d'enrayer la dérive, malgré des indicateurs fort inquiétants. La surfréquentation impacte directement trois bio-indicateurs de la réserve : le balbuzard, la reproduction des poissons et la posidonie.

En 2018, l'Europe envoie sur place une équipe d'experts en vue du renouvellement de l'agrément prévu deux ans plus tard. Ces spécialistes repartent choqués non seulement par la surfréquentation du site, mais aussi par l'ambiance assez agressive qui règne sur place, ce qui explique la décision négative de la commission[2].

Les événements se dégradent à la suite de la visite. Jean-Marie Dominici reçoit des menaces. Nous sommes à Noël 2018, des tags explicites sont relevés sur les murs de la caserne des pompiers de Galéria, commune

1. Voir chapitre 9 sur Pascal Bruno.

2. En conclusion de son rapport destiné au Conseil de l'Europe l'expert Olivier Biber résume la situation en ces termes : « La fréquentation incontrôlée de la réserve par les visiteurs de tous bords et la forte pression sur le milieu sont inadmissibles et incompatibles avec les objectifs de création de la réserve de Scandola. »

qui jouxte la réserve. Une plainte est déposée. Puis, dans les mois qui suivent, le responsable et ses employés sont les destinataires de courriers tout aussi explicites accompagnés de dessins de cercueil. « Laisse travailler le peuple corse », peut-on y lire. L'affaire est alors médiatisée. Elle soulève une grande émotion à tel point que Gilles Simeoni et Jean-Guy Talamoni apportent leur soutien officiel au personnel de la réserve.

L'Europe avait formulé dès 2010 deux exigences qui n'ont pas été respectées, celle d'élargir la réserve au niveau maritime et celle de renforcer la réglementation de façon à mieux contrôler les activités touristiques, notamment nautiques. Manifestement, rien n'a été fait et comment s'en étonner ?

Tout ce qui touche à l'environnement est marqué par un étrange parfum en Corse. En avril 2013, Jean-Luc Chiappini, alors président du parc naturel régional, est assassiné sur la route de l'aéroport d'Ajaccio. La victime circule dans son véhicule quand il est dépassé par un scooter TMAX. Le passager fait feu à plusieurs reprises. Dans la boîte à gants de la Citroën C5, les policiers découvrent un pistolet CZ chargé, preuve que Jean-Luc Chiappini se savait menacé.

Plusieurs pistes ont été évoquées, notamment celle du pôle environnemental de traitement des déchets de Vico, une affaire qui avait déjà soulevé nombre d'interrogations autour d'un autre assassinat, celui en 2009 du maire de Casalabriva, Jean-Marc Nicolaï. Par ailleurs membre d'une société de consulting, celui-ci s'était positionné à l'époque sur le marché de la déchetterie de Vico.

Mais d'autres pistes ont été étudiées concernant Jean-Luc Chiappini, notamment celles menant au dossier des gîtes ruraux ayant, rappelons-le, conduit à la condamnation de l'ancien président du Conseil exécutif, Paul Giacobbi. Il est également envisagé que la victime ait subi des pressions autour de questions touchant à Scandola dont il assurait la responsabilité hiérarchique au travers de ses fonctions de président du Parc régional. Mais quelles que soient les pistes, cette exécution n'a connu à ce jour aucune suite judiciaire.

Son successeur à la tête du Parc régional, Jacques Costa soulève lui aussi certaines réserves, ne serait-ce que par son environnement familial. Son frère, Maurice, assassiné en 2012 à Ponte Leccia, était l'un des membres fondateurs et influents de la Brise de mer. Quant à son autre frère Dominique, dit Mimi, considéré lui aussi comme une figure du banditisme, il est incarcéré à Marseille à la suite d'une exécution commise en 2019[1] dans le nord de l'île. Mis en cause dans l'affaire des gîtes ruraux, Jacques Costa a par ailleurs échappé sur le fil à la vindicte judiciaire[2].

Pour l'heure, la collectivité de Corse lui conserve toute sa confiance…

Jean-Michel Verne

1. Il s'agit de l'assassinat le 13 mai 2019 d'Antoine Francisci, vingt-deux ans, qui circulait au volant de son buggy à Pietralba.

2. Mis en examen pour prise illégale d'intérêts en mars 2015, il est relaxé par la suite par le tribunal correctionnel de Bastia.

Table

La photocomposition de cet ouvrage
a été réalisée par
GRAPHIC HAINAUT
30, rue Pierre Mathieu
59410 Anzin

MIXTE
Papier
FSC FSC® C003309

L'éditeur de cet ouvrage s'engage dans une démarche
de certification FSC® qui contribue à la préservation
des forêts pour les générations futures.

Pour en savoir plus :
www.editis.com/engagement-rse/

Imprimé en France par CPI
en février 2021

N° d'édition : 61159/01 – N° d'impression : 3042442